自治体の中小企業イノベーション促進政策

政策効果の実証分析による可視化

松平好人

YOSHITO MATSUDAIRA

同友館

母上、松平洋子に捧ぐ

まえがき

　本書で読者のみなさんと考えていきたいのは、中小・ベンチャー企業のイノベーション（新規事業）を促進するにはどうしたらよいのか、ということである。その1つの方法として、自治体の中小企業支援政策を取り上げる。分析対象は、自治体の中小企業支援政策の先進的事例である、大阪市のイノベーション（新規事業）促進支援政策「大阪トップランナー育成事業」である。具体的に明らかにしたいのは、中小企業のイノベーションを促進する自治体の中小企業支援政策の効果とは何か、その効果が売上などに代表される経営成果といかなる関係をもつのか、ということである。これらの問題をみなさんとともに考えていきたい理由は、中小企業支援政策は税金を投入して実施されており、その効果の測定は納税者への説明責任の観点から必要性が高いが、実証的に政策効果を明らかにした研究は乏しいからである。本書では、こうした問いに対して、研究方法として、先行研究の網羅的な調査及びインタビューによるパイロット調査の事例分析に基づき仮説を設定した。そして、質問票調査によるデータ収集を行い、統計解析ソフトを用いた定量分析によってその仮説を検証する方法を採っている。インタビュー調査のような数字で表現されない定性的データに基づくアプローチ及び質問票調査により数字で表現された定量的データに基づくアプローチを組み合わせた両面から、問いに対する答えを探究し、中小企業支援政策の効果を明らかにしていく、それが本書のテーマである。加えて、政策効果が発現するメカニズムの見える化にも挑戦する。

　本書は、経営学の学術用語や中小企業への支援形態、そして統計解析などの予備知識が全くなくても読み進めていけるように説明は尽くしている。ご安心いただきたい。その工夫の1つに、第1章の「主要な概念」がある。1つの節を割いて、本書の

中心となる概念について説明したうえで、キーワード間の関係も図で示している。ま た統計解析については、第5章の「質問票調査の分析方法」の節で丁寧に説明してい る。本書を手に取って読んでいただきたい方は、イノベーションに関心のある全て の方である。具体的には、次に述べるような方々を念頭に、本書は編まれている。第 一に、中小・ベンチャー企業で実際に新規事業を担い、普及させたいと考えている方、 新たに1から新規事業にこれから挑戦しようという方。また中小・ベンチャー企業に 限らず、中堅・大企業で新規事業に携わる方をはじめ、製造・サービスという枠に関 係なく広くイノベーション創出とその普及を目指すビジネスパーソンといった実務家 である。多くの実務家は、日夜、現場の業務でイノベーションの実現および普及に向 けてさまざまな課題に直面している。その課題の克服に果敢に挑み、実践しながら思 考し、経験や実践から学習している。本書では、イノベーションを促進するための自 治体の支援が、中小企業にとってどのような具体的成果につながったのか、を中心に 論じている。そのため、実務家にとって中小企業支援政策の存在意義、本当に必要 な支援とは何かについてわかりやすく解説した中身となっている。

　第二に、国や自治体において中小企業支援政策の策定、実施、運営に携わる政策 担当者・実務責任者や実際に現場で支援を行う専門家や実務者である。こういう方々 に、これまでの中小企業支援政策の主流であった、技術・研究開発への補助金およ び助成金の交付、すなわち資金提供による支援形態が中小企業のイノベーションを促 進し、中小企業が本当に求めている支援であるのか、について再考するきっかけをも たらすであろう。

　第三に、研究者やコンサルタントの方にも手に取っていただきたい。本書は、自治

体の中小企業のイノベーション促進政策の効果を測定する新しい理論的フレームワークを示している。こうした支援の効果を明らかにする理論的フレームワークを構築するために、従来の典型的な研究手順、つまり先行研究の調査から仮説を設定し、定量分析によりその仮説を検証するという手順よりも一層慎重に研究を進めている。すなわち、先行研究からは作業仮説を導き、次にインタビューに基づく定性的調査から作業仮説を検証したうえで改めて仮説を設定し、そして質問調査表で収集したデータに基づく定量分析による仮説検証という手順を踏んでいる。本書を読み解くことで、研究者やコンサルタントの方に対して、中小企業支援政策の効果を先行研究の調査、定性的手法、定量的手法の3つの手法の分析から捉えていくことで、これまで見えてこなかった効果が可視化できるという発見や新たな気づきを提供するだろう。

　最後に、未来のイノベーターとなりうる大学生や大学院生にも読んでいただきたい。近い将来、若いみなさんが社会に出て、さまざまな分野の組織の実務の中でイノベーションをけん引していくであろう。本書で論じたイノベーションの促進・普及についての基本や実際を若いときから吸収することは、たとえば、ベンチャー企業を立ち上げ「世の中を変革するようなイノベーションを創出したい」という高き志をもつ学生に対して、製品・サービスを生み出すことでとどまらずに、より肝心なマーケットにのせていくための市場投入・開拓には具体的にどのような課題があり、いかにしてそうした課題を克服して、イノベーションを普及させて軌道にのせ、経済的成果へとつなげていくかについての知見を深める点で役立つだろう。本書の読み方について、一言述べておこう。第1章から順に読み進めるのが、最も正統的な読み方であろう。実際に、後の章では前の章で述べたことを前提にしているところもある。しかし、研究者

ではない実務家の方の中には、これまでの中小企業政策の変遷や経営学の学術用語の先行研究にはあまり関心をもたない読者もいるかもしれない。そうした方は、第1章を読み、第3章から読んでいただいてよい。一章一章が読切りものであるように読んでも、わかるように書いている。加えて、先行研究の調査であるが、中小企業支援政策の策定・実施する担当者の方、中小・ベンチャー企業の実務家の方、広くビジネスマンの方が中小企業支援政策について、マーケティング分野で議論される「市場志向」について、経営資源という範疇内で語られる「情報的資源」について概観し、おおよその要点をつかみたい場合には是非とも活用していただきたい。また、第8章の後に、本研究の副産物である別の議論を補遺として2点を残している。第一に、市場志向の要素についての理論的な検討、第二に、情報的資源について、資源創出の観点からの発見についての実証的な検討である。こちらもご一読いただきたい。

　公刊されるということで、多くの読者からのご忠告、ご意見にふれうるならば、次の一歩への大変力強い励ましとなり、幸甚の至りである。章節に従い一歩ずつ本書と向かい合いながら、ご自身の考えを確かめていただきたい。読み進める中で、著者の思い違いや誤りなどが見つかったり、本書に提示されたものよりもよい考えにお気づきになったりした際には、それらをご教示下されば、この上なく有難く、これからの研究に役立てていきたい。

　本書が中小・ベンチャー企業及び自治体などにおいて、イノベーションの促進に日夜取り組み奮闘されている方々、中小・ベンチャー企業に対して本当に意味のある支援とは何かを捉えようとする方々に、考え、行動する上での刺戟として役立つことがあれば著者として喜びに堪えない。

2020年4月30日
松平　好人

目 次

まえがき

第1章　中小企業支援政策の効果の解明に向けて

1	1−1　研究背景
1	1−1−1　中小企業とは
6	1−1−2　中小企業の定義と範囲
9	1−1−3　問題意識
19	1−2　本書の意義
20	1−3　主要な概念について
20	1−3−1　中小企業
20	1−3−2　イノベーション
22	1−3−3　直接（ハード）支援と間接（ソフト）支援
22	1−3−4　市場志向
25	1−3−5　経営資源
27	1−3−6　情報的資源
28	1−3−7　情報の非対称性
28	1−3−8　キーワードの関係性

第2章　先行研究の調査と整理
―中小企業政策・市場志向・情報的資源―

31	2−1　中小企業政策
31	2−1−1　国の中小企業政策　中小企業政策の定義と主体
32	2−1−2　中小企業政策の特徴と役割
33	2−1−3　中小企業政策の根拠と類型
33	2−1−4　中小企業政策と中小企業基本法
34	2−1−5　中小企業基本法の転換と中小企業政策
37	2−2　自治体の中小企業政策

37　　2－2－1　自治体の中小企業政策の変遷
40　　2－2－2　自治体独自の中小企業政策
41　　2－2－3　自治体の中小企業政策の現状
43　　2－2－4　大阪市の中小企業支援の特徴
44　　2－2－5　大阪市の個別企業支援の実施状況
45　2－3　中小企業政策の効果に関する研究
45　　2－3－1　中小企業支援政策の効果の研究に焦点を絞る理由
46　　2－3－2　国内における中小企業支援政策の効果の研究
49　　2－3－3　海外における中小企業支援政策の効果の研究
54　2－4　市場志向
57　　2－4－1　市場志向とは
57　　2－4－2　文化的視点からの市場志向
59　　2－4－3　文化的視点からの市場志向概念による研究
60　　2－4－4　行動的視点からの市場志向
62　　2－4－5　行動的視点からの市場志向概念による研究
62　　2－4－6　市場志向の統一化
63　　2－4－7　市場志向の定義の変遷
64　　2－4－8　市場志向の構成要素
65　　2－4－9　市場志向の測定項目
66　　2－4－10　市場志向と企業成果
66　　2－4－11　市場志向尺度の精緻化
67　　2－4－12　市場志向と類似の概念
70　2－5　情報的資源
73　2－6　情報の非対称性
74　2－7　先行研究（中小企業政策・市場志向・情報的資源）のまとめ
77　　2－7－1　先行研究からの作業仮説の設定
77　　2－7－2　作業仮説の問題点

第3章　パイロット調査
─大阪市 TR 事業の支援を受けた中小企業に対する事例分析─

79　3－1　パイロット調査の目的

79　3－2　パイロット調査の方法

80　3－3　事例研究を調査対象にした理由

81　3－4　パイロット調査の概要

81　　3－4－1　分析フレームワーク

85　　3－4－2　インタビュー方法の選定

86　3－5　パイロット調査の事例研究①　株式会社笑美面

90　　3－5－1　事例分析の結果

91　　3－5－2　考察

95　3－6　パイロット調査の事例研究②　株式会社 I&C

100　　3－6－1　事例分析の結果

100　　3－6－2　考察

105　3－7　パイロット調査の事例研究③　ムラテックシステム株式会社

108　　3－7－1　事例分析の結果

110　　3－7－2　考察

112　3－8　事例研究のまとめ

117　3－9　作業仮説の検証と仮説設定

第4章　研究目的と研究方法

119　4－1　研究目的

119　4－2　研究方法

120　4－3　研究枠組み

121　4－4　仮説の設定

122　4－5　質問票調査の方法

122 4－5－1 質問調査票
123 4－5－2 調査対象
126 4－5－3 質問票調査の実施方法と有効回答
126 4－6 質問票調査の分析方法
126 4－6－1 PLS-SEM
            (Partial Least Squares Structural Equation Modeling) について
127 4－6－2 PLS-SEM の選定理由
127 4－6－3 PLS-SEM の分析と評価

第5章　検証結果
　　─大阪市 TR 事業の支援を受けた中小企業に対する定量分析─

131 5－1 質問票調査の定量分析結果
132 5－1－1 PLS-SEM 分析の結果と評価
139 5－1－2 PLS-SEM 分析からの発見事項

第6章　考察

141 6－1 支援効果のメカニズムについての考察
142 6－1－1 支援効果のメカニズムの説明
143 6－1－2 支援効果のメカニズムを発現させる重要点

第7章　結論
　　─大阪市の中小企業イノベーション支援政策（TR 事業）の効果について
　　　見えてきたこと─

145 7－1 仮説検証
145 7－2 発見事項

第 8 章　理論的発見と実践的提言
　　　　　─中小企業イノベーション支援政策の効果を可視化する新たな分析視点と
　　　　　理論的フレームワークの提示─

149　8－1　理論的貢献

150　8－2　実践的貢献

151　8－3　限界

152　8－4　今後の研究課題

補　遺　市場志向と情報的資源について

155　（1）市場志向について

155　　事例分析による市場志向の結果

155　　定量分析による市場志向の因子分析の結果

157　　「探索」・「活用」の概念

158　　「探索」・「活用」の概念による分析

160　　まとめと展望

161　（2）情報的資源について

161　　情報的資源の獲得に基づく資源創出

163　　情報的資源と情報の非対称性

163　　情報の非対称性と中小企業支援の合理性

164　　資源創出

165　　情報的資源と資源創出の視点からの 3 社の事例分析

166　　事例分析の結果

167　　考察

172　　まとめと展望

174　あとがき

　　　参考文献

　　　appendix

　　　索引

表紙デザイン　かじたにデザイン

第1章

中小企業支援政策の効果の解明に向けて

1-1 研究背景

1-1-1 中小企業とは

「中小企業」という言葉で、どのような企業のイメージを抱くであろうか。商店街の豆腐屋、米屋、魚屋、電器店、飲食店の蕎麦屋、または、サービス業の床屋といった小さな商業やサービス業の経営だろうか。さらには、下町の小さな工場であろうか。注目されることが多い、ベンチャー企業のような新しい形態の企業も思い浮かぶ人があるかもしれない。このように、「中小企業」という言葉で、どのような企業をイメージするかは、人により大きく異なるであろう。

こうした「中小企業」の概念は、大企業との相対的関係により位置づけられてきた。相対的に規模の大きい企業群と比して、規模の小さな企業群に何らかの問題が生じている状況において、中小企業問題に対する中小企業の区分が意味をもつのであり、当該の問題に適応した規模の質的かつ量的指標の設定がなされるといえる（清成, 1997）。以下でみるように、決定版ともいえる絶対的な中小企業の概念は存在せず、これまで必要に応じて基準を設定し、その度ごとに中小企業を区分している。このように、時代の変化と相まって中小企業の存立形態や社会的意義および経営問題も質的に変化して、その概念も多様化している（江島, 2014）。戦後日本の中小企業観は、戦後から今に至るまでに大きく変化している。

戦後日本の中小企業に対する認識として真っ先に指摘できるのは、1957 年の経済白書で、近代的大企業と前近代的な労使関係に立脚する中小企業の間で労働力の移動もなく、二極間で賃金格差が生じているとする二重構造の問題の提起であろう。この二重構造論は、有沢（1957）が初めて使用した言葉である。

しかし、二重構造論の主張に対して、現状についての的確な認識を欠き、中小企業のダークサイドを強調し、一面的であるなどの批判も出された。

　こうして多様に見える中小企業を、中小の商店、町工場、ベンチャー企業として個別に論じるのではなく、「中小企業」としてまとめて研究し、論じている場合がある。では、どうしてまとめて論じることが必要なのだろうか。その点について、①中小規模それ自体の意味、②中小企業の経営組織の独自性、③外部資金調達面の制約という3点（渡辺ほか, 2001）が指摘されている。第一に、中小企業は中小規模であるという理由から、最低必要資本量が少額で済むような分野にのみ参入が可能であるという点である。中小規模であることは、企業として利用可能な資金的資源にも限度がある。つまり、乗用車を年間に何十万台も生産し、工場を建設するだけで莫大な資金が必要とするような量産型の低価格帯乗用車の生産のような、規模の経済が大きく作用する分野には新規参入ができない。これが示すのは、中小企業が存在できる分野は、特定の企業のみが参入することができるような巨額な設備投資を必要とする分野とは異なり、小規模な投資で参入が可能な分野であるといえる。よって、中小企業の中小規模それ自体の意味とは、中小企業は無数の参入可能な企業との競争に常時さらされていることである。中小企業が中小規模である他の理由は、経営として特定分野へ専門化する必要が高い点が挙げられる。なぜならば、中小規模企業として、多岐にわたる分野へ進出することに比べて、限定された内部経営資源を特定分野に集中して投じるほうが、自社が存在する分野での競争力維持の可能性が高まるからである。中小規模ということは、基本的に使用できる資本量が少ないということである。これは同時に、企業内部に雇い入れることができる被雇用者数が少なくなることを避けられないことを意味する。ゆえに、企業内部に雇用できる人材の多様性は相対的に限定され、多くの人材が多能化することが避けられないのである。

　第二は、中小規模であることが、経営組織のあり方に決定的な影響を与える点である。中小企業では、企業としての協業の単位が小さな規模であることを意味している。これは、階層から成る管理組織を構築する必要が非常に小さい

ことに直結する。中小企業は、組織内で協働する各成員は、各個人として相互に認識可能な組織である。ゆえに、中小企業においては、組織として決定したり、組織として行動したりといった必要性が小さくならざるを得ない。こうしたことから、中小企業のプラスの面は、大企業とは異なり、特定の事項を決定するのに必要とする手続きを最小限で留められ、決定にかかる時間も少なくて済む。また、方針の変更が生じた際にも、より迅速に企業内の各成員に浸透させることができる。他方、マイナスの面は、階層的な組織構造ではないため、経営戦略の中身について段階的かつ多面的なチェックが手薄とならざるを得ない可能性が高いといえる。加えて、決定事項が速く浸透することは、実施段階においてその妥当性に関する再確認の機会が乏しいといえる。

　第三は、大企業に比べて、中小企業には株式や社債公募という外部資金調達に関する不利が存在する点である。資金の必要性から、銀行などの第三者を介さずに株式や社債を発行し、資金を証券市場を通じて直接貸し手から調達する直接金融は、外部資金調達の方法として大企業が利用できる。他方、中小企業が利用するのは困難である。中小企業でも利用可能な外部資金調達の方法としては、銀行を介しての借入れなどの間接金融があるが、金利など借入れ条件においては、中小企業が中小規模ゆえに、大企業と比べれば厳しく、不利な条件を受け入れざるを得ないことが多いであろう。

　以上のように、「中小企業」としてまとめて論じることの必要性について、①中小規模それ自体の意味、②中小企業の経営組織の独自性、③外部資金調達面の制約という3点（渡辺ほか, 2001）から見てきた。こうした議論は、次のようにまとめることができる。中小企業は、その中小規模性ゆえに、一般的にいえば、大企業と比べればより厳しい競争にさらされた分野において、存在しなくてはならない。加えて、特定分野へ専門化し、企業内部の人材が量的かつ、多様性においても限定される中小企業では、専門家を専用で活用できる可能性が低く、資金調達上の不利から、大企業に対してより対等ではない条件下のもとで、競争しなくてはならないのである。それゆえに、中小企業政策や中小企業支援を行うことには、重要な意義が存するのである。

ここまで、「中小企業」としてまとめて論じることの必要性について述べてきた。では、さらに一歩進んで、なぜ、中小企業と大企業を分けて議論する必要があるのだろうか。青山（2011）は、その理由を3点挙げている。

　第一に、企業規模の零細性に起因する企業体質の脆弱性、とりわけ環境変化への対応力が乏しく、それを放置するなら、倒産などの社会的不安が生じやすくなる。そのため、政府・自治体が何らかの形で、これらの中小企業を支援する必要が生じてくる。

　第二に、一国の経済成長や産業基盤の強化には、大企業だけでは不十分であり、中小企業の果たす役割が大きいことである。大企業のみでは、資源活用の効率性が悪く、市場の変化に対して、迅速な対応ができない。そうしたことから、大企業と相互に補完する関係にあり、産業基盤を強固にし、経済成長の担い手として活動する中小企業は欠くことができない。

　第三に、労働力に対する依存度の高い労働集約的な企業体質をもつ中小企業は、雇用創出に大きな貢献がある。高い失業率の国々では、中小企業は雇用の大きな受け皿になりうるという期待が大きい。

　こうした理由から、世界各国では中小企業への関心が高まってきている。各国の政府、自治体、中小企業支援機関、研究者などは、どのようにして中小企業を成長・発展させていくのかの支援の体制・方法の枠組みを検討し、政府や自治体は、そうした内容を中小企業支援政策に反映させている。

　各国が中小企業の発展を期待する主要な理由は、いま述べた雇用創出をする主体としての役割を挙げられる。さらに、中小企業の発展を期待する別の4つの理由も指摘されている（青山, 2011）。

　1つは、イノベーションの担い手としての役割である。中小企業は、新規産業の創造や新製品開発などの発信地としても注目を集めている。中小企業は、大企業がとても及ばないような特定分野に特化した技術を保有する場合も多く、製品・サービスを深化させ、かつ、高度化させて新市場を創造して、独自の地位を築いていることも少なくない。

　2つめに、市場の活性化の役割である。消費者の所得の向上やニーズの多様

化などにより、新規分野やニッチ市場の広がりがみられ、これら分野への中小企業が積極的に参入していくことで市場の活性化を促進している。

3つめに、産業の主要部分に位置する大企業の部門を補完する役割である。自動車・家電業界における親会社と下請け企業にみられるように、大企業の部門だけでは、効率的な経営資源の活用はできず、中小企業と相互に補完する関係を築くことで、資源の効率化を図ることができる。

4つめに、企業規模の拡大に伴う、組織の硬直化や非効率性が表面化してくると、組織の細分化・分社化、業務のアウトソーシングを行って、組織活性化や効率化を実現していく大企業が増えて、その受け皿として小回りの利く中小企業に白羽の矢が立つのである。

以上、中小企業と大企業とを区分して論じる理由をみてきた。中小企業は、経済発展の基盤としての役割をもち、産業構造の高度化、限られた経営資源の有効な活用における中小企業の重要性が認識されている。そのため、ヒト、モノ、カネを豊富に保有し、独自で市場を開拓できる大企業とは明確に分けて、中小企業をあらゆる視点から分析し、現在のような変化の著しい環境に応じた、中小企業政策や中小企業支援を行うことには、重要な意義があるのである。

本節の最後に、中小企業について数量的に把握しておきたい。2014年時点で、中小企業は全企業の99.7％を占める。そのうち、小規模事業者数は、約325.2万事業所で全体の85.1％占める。中規模事業者数は、約55.7万事業所で全体の14.6％を占める（平成26年経済センサス－基礎調査）。2014年時点での中小企業の雇用者数は、全体の約70％を占める。小規模事業者では約1,127万人で23.5％を占める。中規模企業では約2,234万人で46.6％を占める（平成26年経済センサス－基礎調査）。企業全体に占めている中小企業の割合は大きいものがあり、見たように企業数で9割以上、そして雇用者数で約7割を占めていることから、経済社会に大きな影響を与える存在であることは疑いの余地はない。

中小企業が経済社会に占めている割合が大きく、重要な機能を果たしていることは、日本のみならず世界的にも古くから認識されてきた。例えば、英国の中小企業問題諮問委員会の1971年における報告書では、経済が停滞する英国

で、中小企業部門は経済の健全性を保つための重要な機能を発揮する、と指摘している（安田ほか, 2007）。中小企業は、①ビジネスを展開する機会の提供、②最適な規模での効率的な事業の実現、③専門的な部品提供などを通じた大企業の補完、④多品種少量需要への対応、⑤独占の阻止、⑥技術革新、⑦企業家活動の担い手、⑧新産業創出というそれぞれの面で重要な存在であり、英国経済のダイナミズムを発揮する源としての位置づけがなされた（安田ほか, 2007）。

　Storey（1994）は、中小企業研究の意義を中小企業の量（数）と中小企業の存在の質に求めている。その上で、欧米に占める中小企業の存在は、「中小企業」の概念定義では一定のものを見出せないでいるが、基準規模の上限を下げて変更したとしても企業全体に占める割合は圧倒的に高いままであり、同時に雇用や技術革新の面で経済社会に大きく資する事実は、注目すべき状況であると指摘している。

1-1-2　中小企業の定義と範囲

　本研究で中小企業を対象とする以上、定義について触れなければならない。歴史的に日本における中小企業の基準の確立は、1963年に制定された「中小企業基本法」（以下、基本法）にみることができる。それまでの中小企業等協同組合法や中小企業金融公庫法等では、一律に300人以下の企業を中小企業としていたにすぎなかったのである。1963年制定の基本法において、中小企業の定義を法律で明文化し、基本法第2条において中小企業の範囲を定めている。基本法第2条によれば、中小企業の範囲とは、製造業で、「資本の額又は出資の額の総額5千万円以下並びに従業員数300人以下の会社又は個人」、商業・サービス業で、「1千万円以下、50人以下の会社又は個人」としている。

　1978年には、経済状況に合わせるために中小企業の基準の上限について改定した。製造業では資本金を引き上げ、商業は卸売業と区分し、卸売業の資本金と従業員数を引き上げている。こうしたことから、製造業（工業、鉱業、運送業等）で、「資本金額1億円以下並びに従業員数300人以下の会社又は個人」、卸売業で、「資本金額3千万円以下並びに従業員数100人以下の会社又は個人」、

小売業・サービス業で、「資本金額 1 千万円以下並びに従業員数 50 人以下の会社又は個人」とした。

　1990 年代のバブル崩壊後、資本や労働力の国境を越えた移動が活発化するとともに、貿易を通じた商品・サービスの取引や、海外への投資が増大することによって世界における経済的な結びつきが深まる経済のグローバルや ICT などの技術革新の速度が増し、中小企業全体を一律に底上げしていくというこれまでの中小企業政策・支援制度に限界がみえてきた。そこで 1999 年 12 月に基本法が改正され、それにあわせて中小企業の範囲も引き上げられた。中小企業の範囲を引き上げる根拠として、基本法を前回改定した 1973 年と比べて、物価水準が約 3 倍、企業 1 社あたりの資本金額が約 3〜5 倍に拡大しているという実態があった。そこで、資本金を中心に中小企業の範囲が変更された。また、サービス業は、人材派遣業、情報サービス業など企業 1 社当たりの従業員数が多いとの理由から、従業員数も 50 人から 100 人へと引き上げられている。

　1963 年、1978 年、1999 年の中小企業の範囲の変遷から見てとれるのは、経済の環境変化とともに変化してきているということである。

　中小企業の範囲や区分の規定方法について、大きく 2 つの視点がある。1 つめに、日本の基本法で規定しているように、資本金や従業員数で量的な基準を設定する考え方である。2 つめに、独立性を保ち大企業に支配されていないなど、質的な面から規定していく考え方である（青山, 2011）。この 2 つめの質的な面からの考え方は、青山（2011）では示されていないが、米国の中小企業法の中小企業の要件として挙げられている。量的指標と質的指標を整理すると、表 1 のようになる。

表 1　中小企業の量的指標と質的指標

量的指標の基準	従業員数	資本金	売上高	資産額	市場占有率
質的指標の基準	独立性	市場支配力をもたないこと	企業の所有者が同時に経営者であること	経営者が経営全体を見渡せること	

出所）青山（2011）をもとに作成

7

中小企業の範囲を確定していくために、一律にどちらの指標が経済の実態に合っているかを判断することは難しいだろう。青山（2011）は量的指標の長所と短所を指摘している。それによれば、量的指標の長所は、①客観的な指標として捉えることが可能、②各国の中小企業を統計的に比較することが可能、③中小企業施策を実施する上で簡便、の3点を挙げている。短所として、①中小企業の規模は、業種・業態で構造が異なり、一律の定義が誤解をもたらす恐れがある、②時間経過とともに、経済構造が変化し、中小企業の定義が実態とかけ離れる恐れがある、③量的基準のみでは、実質的に大企業の一部であるものや支配下にあるものを中小企業として扱うことが増える、の3点を挙げている。

　例えば、青山（2011）は、規模の大小で区分する限界について、企業の例を挙げながら説明している。人材派遣会社から大量に派遣社員を雇い、正社員よりも派遣社員が数百人も多い企業、総務・人事部門までもアウトソースする企業、国内では数十人の会社であっても、海外では数千人規模の雇用をしているケース、分社化でグループとして活動し、実質的に大企業を上回る企業などを例にとり、従来の物差しでは図ることができない中小企業が登場してきているとしている。

　渡辺ほか（2001）は、量的な規定そのものは絶対的なものではなく、質的な中小企業の規定を踏まえ、各国で、時代で、産業で、政策的必要に応じて特定化されるものと理解すべきである、と指摘している。例えば、EU、米国、台湾の中小企業の法的な量的定義をみても、資本金と従業員数等で、各国の歴史的事情、各産業の特徴によりかなり幅があるものとなっている（渡辺ほか, 2001）。

　以上から、中小企業の判定問題は難しいことがわかる。その目的に応じて、いくつかの指標を組み合わせて区分することが必要で、経済の発展に応じて継続的に見直しを行うことが適切であろう。しかし、本研究の目的は、中小企業かどうかをいかにして判定するかではないので、中小企業の判定問題にはこれ以上立ち入らず、以下で中小企業を定義する。

　1999年基本法改正に基づいた中小企業の範囲を示したのが表2である。

表2　中小企業の範囲（1999年制定）

業　　種	資本金	従業員数
製造業・その他	3億円	300人
卸売業	1億円	100人
小売業	5,000万円	50人
サービス業	5,000万円	100人

出所）中小企業基本法

　本研究における中小企業の定義は、表2の通り中小企業基本法第2条で規定されている中小企業の定義、「製造業、建設業、運輸業等が資本金3億円以下、ならびに従業員300人以下、同様に卸売業は1億円以下、または100人以下、小売業は5千万円以下、または50人以下、サービス業は5千万円以下、または100人以下」にしたがう。

　ここで、一つ注意しておきたい。それは、日本では中小企業の定義の中に、規模の零細な中小企業を別に区分して規定している点である。製造業で従業員数20人以下、商業・サービス業で5人以下の企業を「小規模企業」として定義している。

1-1-3　問題意識

　一般的に、中小企業は地域の経済に密接に関わり、かつ地域に埋め込まれている存在であるため、地域経済の活性化に関係する主体である。こうした主体を地域で維持、成長させることは、地域の発展にとって重要である。Drucker（1954）は、購入するに値する「価値」（魅力）を感じてもらう財（製品・サービス）を世の中に向けて提供して、我々の生活に貢献すること、このことに企業の存在意義があるとした。Druckerはこれを "to create a customer"、すなわち「顧客の創造」と呼んだ。価値を感じてもらうイノベーションを世の中に提供することを通じて、持続的に顧客の創造を実現していくことが企業の存在意義である。中小企業ももちろん企業の一種であり、Druckerに従うなら、存

在意義は同じである。中小企業の存続と発展には、顧客の創造につながるイノベーションが鍵であろう。イノベーション（新規事業）を継続的に生み出していくことを通じて顧客を創造し続け、中小企業は存続し、成長もしていく。

　そうした中小企業の存続、発展を支援し、地域経済の発展の主体を維持し、形成に寄与することは、地域経営の一翼を担う自治体に課せられた責務の1つと考えられる。中小企業は、長い間公共政策の対象であり続けており、イノベーション政策は、製品、プロセス、組織手法のような新しいアイデアの商業的活用を促進することを目標としている（OECD, 2003）。また、より包括的なイノベーション政策のアプローチでは、人材と能力の支援、公共調達の枠組みを通じた革新的な製品への需要の創出、中小企業向けの高度なイノベーションサービスの提供、イノベーションネットワークと協働の仕組みのための新たな形式の支援の促進を考慮している（OECD, 2011）。日本において中小企業政策といえば、これまで国の政策が議論の的であった。しかし、1999 年の改正中小企業基本法では、中小企業対策について、国と地方自治体で役割を分担して、それぞれ施策に取り組むこと、地方自治体には中小企業政策を講ずる責務があることが定められた。これを受けて 2000 年代に入ると、地方自治体が中小企業政策、例えばイノベーションを促進する政策の企画・実施主体となる役割について自治体自体も自覚を強めていき、同時に地域からもそうした役割について期待される潮流ができ、現在に至っている。本研究は、中小企業のイノベーションを促進するための地方自治体政策の効果に焦点を当てる。

　しかし、実施されているイノベーション促進政策は、成果が上がっていないようにみられる。こうしたイノベーション促進政策をみると、研究・技術開発に対する補助金を提供する直接（ハード）支援中心というのが実態である。中小企業に対する支援は、補助金・助成金提供に典型的にみられるように、「これをもとにして、もの（試作品）をつくれ」という短期志向的なもので、そこには中長期的なマーケティング、つまり潜在ニーズを探求しつつ市場に意識を向け続けるという考え方はほとんどない。それゆえに、補助金による支援は受けたものの、そうした試作品の多くが、日の目を見ないまま中小企業の倉庫で

眠っているということが頻繁に生じている。

　大企業が社内に豊富な資源を保有するのとは異なり、資源が限定的である中小・ベンチャー企業がイノベーション（新規事業）に挑戦していく際、たとえ成長の潜在性をもっていても、経営資源が乏しければ成長は容易ではない。こうした不足している資源を自社単独で補完していくことは、そもそも経営資源が乏しいために難しい。そこで、企業内部で不足する経営資源を補うために、外部にそれを求めることになる。その経営資源の補完が、公的機関、自治体による中小企業支援政策の存在意義である。

　これまで中小企業の経営資源を補完する公的機関による支援政策は、ものづくりや技術開発への補助金が中心であった（名取, 2015, 2017）。しかし、中小企業がいくらそうした直接支援を受けて、製品・サービスをつくったとしても、売れなければ何の意味もない。そうした意味で、公的機関の支援は技術開発への補助金の支援にとどまらず、次の３つの観点から製品・サービスの市場投入を含み入れたものである必要があると考えられる。すなわち、１点目は、国内外における公的機関による中小企業支援政策、２点目に、マーケティング論の知見、３点目は経済学の知見の観点である。

　１点目の国内の公的機関による中小企業支援政策の観点については、静岡県の「富士市産業支援センター f-Biz」の活動がある。この「f-Biz」の f は fuji の頭文字で、Biz は Business の略称であり、富士市発のビジネス支援センターを意味している。富士市産業支援センター f-Biz は、新しい市場を開拓したい、今の事業をさらに大きく成長させたい、経営の課題を解決したいという企業の声に応える産業支援の拠点である（以上、「富士市産業支援センター f-Biz」Web ページより）。ここには次のような記述がある。「私たちが大切にしているのは、問題点ばかりを指摘するのではなく、強みや良いところを見つけ伸ばしていく姿勢。チャレンジャーに自信や誇りを持ってもらうことで、熱い意欲が生まれてくるからです。サポート自体も、けっして単発で終わるのではなく、マーケティング、デザイン、販路開拓、プロモーション、ブランディングといった、各専門家のバトンリレーで、質の高いワンストップのコンサルティングを

提供」（以上、「富士市産業支援センター f-Biz」Web ページより）。この企業の強み、良いところを見つけて、支援で伸ばすことに関して、小出宗昭 f-Biz センター長は、企業に必要なことの１つは「オンリーワン」であるとしている。つまり、製品・サービスに高い独自性があり、明確な差別化が図れることである。どこにでもある同じような製品・サービスは埋没し、製品・サービスに何か特別なものがなければ、消費者はその製品・サービスを選択する理由をもたない（小出, 2009, 2018）。これは、当該企業の製品・サービスが独自性を高めて、市場で受け入れられるようにする支援を重視していることがわかる。支援形態はワンストップのコンサルティングで、支援内容をみても、マーケティング、デザイン、販路開拓、プロモーション、ブランディングという市場投入を第一義に考え、1,400 件以上（2018 年 5 月現在）の新規事業の支援の実績を積み上げている。こうしたが実績が評価され、この f-Biz をモデルにした、例えば愛知県岡崎市「OKa-Biz」（2013 年 10 月開設）、広島県福山市「Fuku-Biz」（2016 年 12 月開設）、熊本県天草市「Ama-biZ」（2015 年 4 月開設）など各地の地方自治体による「○○-Biz」の展開がなされている。加えて、国の産業支援拠点「よろず支援拠点」が開設されている。国は、2014 年から「よろず支援拠点」を新たに各都道府県にひとつ設置して、支援を進めている。中小企業庁資料の「よろず支援拠点」（2014 年 5 月）には、「富士市産業支援センター f-Biz」の取り組みをモデルにしたもの、と明記されている。

　1 点目の海外の公的機関による中小企業支援政策の観点では、英国の「Business Link」（以下、ビジネスリンク）、米国の SBIR（Small Business Innovation Research）という中小企業支援政策がある。英国における、中小企業に対して経営面を重視した支援を提供するビジネスリンクの支援モデルは、1980 年代後半から検討されて 1992 年に制度化されている。ビジネスリンクの制度が立ち上がった 1992 年当時は、英国の中小企業施策自体が 200 を数え、Training and Enterprise Council（職業訓練協議会）やエンタープライズ・エージェンシーといった支援機関があり、利用する中小企業にとり複雑かつわかりにくいという批判がでていた（江島・石井, 2003）。そこで、これらの施策を「リン

ク」して、ビジネスリンクとして中小企業が1ヶ所の相談でもって多様な経営
課題の解決策の提供を受けられる「ワンストップ・ショップ」の実現が目指さ
れたのである（江島・石井, 2003）。

　支援内容は、情報提供、窓口相談、専門家派遣、セミナー・研修・カンファ
レンスがある。支援分野も、マーケティング、人事管理・人材開発、金融、貿
易、海外進出、技術などと幅が広い。ビジネスリンクの代表的実証研究である
PACEC（1998）によれば、支援結果は、雇用、売上、利益、純資産、輸出と
いう成果指標のすべてで、プラスの効果が確認されている。ビジネスリンクに
対するヒアリングからは、情報提供やコンサルテーションを通じた知識を提供
する支援の方法が重要と考えられていることがわかっている（江島, 石井,
2003）。

　以上から、ビジネスリンクでは、技術開発に対する補助金といった直接支援
だけではなく、どのように売って市場投入を実現していくかという部分に知識
を支援していく間接支援の重要性が見てとれるのである。

　海外でのもう1つは、米国のSBIR（Small Business Innovation Research）[1]
である。SBIRは3つのフェーズで構成される（Audretsch, 2003）。応募して
採択されると、フェーズⅠでは、提案された研究アイデアの実現可能性に沿っ
て、科学的および技術的メリットを決定することに向けられる。フェーズⅠで
の賞金（award）[2]は、提案されたイノベーションの実現可能性と技術的メリ
ットを確立する機会を小規模企業に提供する。賞金の期間は6ヶ月で、$70,000
を超えることはできない。フェーズⅡでは、技術的アイデアを拡張し、商業化

---

[1] ここで注意を要するのは、SBIRの「Small Business」とは、既存の中小企業を意味して
　いないことである。その意味するところは、大学で創造した知識を有する科学者たちを、
　新産業の担い手となるべく選び、起業家として鍛えるという産業の牽引子を一から創出す
　ることである。ただ、ここでSBIRを取り上げたのは、新規事業の創出という点では、経
　営資源の充足さに差があるものの、既存の中小企業も新たに起業する企業も両者ともに同
　じであるという理由からである。
[2] awardとはいえ、コントラクトは業務委託契約である。そのため、日本の助成金と同じ
　ように、支出については細かなチェックがあり、継続的な報告が求められる。

を重視する。フェーズⅡの賞金は、科学技術的メリット、資金提供機関への期待値、企業能力、商業的可能性に基づいて、フェーズⅠプロジェクトの中で最も有望なものにのみ与えられる。賞金の期間は最大24ヶ月で、一般に$600,000を超えない。フェーズⅠの賞金の約40％は、フェーズⅡに続く。フェーズⅢでは、技術の商業利用のための追加の民間資金が必要となる。フェーズⅢの賞金は、商業市場への製品の投入（infusion）や使用に関するものである。民間部門の投資は、さまざまな形態で、通常フェーズⅢに存在する。フェーズⅡにおいては、商業化が重視されており、市場投入への可能性を見極めるために、被採択者に対して、SBIRプログラム側から解決すべき具体的課題が提示される。それは、「今までにないもの」を創出し、市場投入が実現できるように挑戦せよ、という指令である。こうした新産業創造に向けた課題を非採択者が克服すると、フェーズⅢでは、政府が責任をもって開発された未来製品を買い取る、もしくは、民間のベンチャー・キャピタルを紹介する（山口編, 2015）。

　SBIRでは、フェーズⅠ、Ⅱ、Ⅲと追って中心となる支援内容、つまり技術・研究開発から商業化へと変化していくのがわかる。技術開発に対する補助金といった直接支援だけではなく、新市場創造を目指して、市場を常に意識させ、いかに市場投入を果たしていくのかという組織文化を育てていくような間接支援の重要性が見えてくるのである。非採択者に対する具体的課題の提示は、一見すると支援には見えない。しかし、この課題を顧客からのニーズと捉えたらどうだろうか。これは、まさしく商業化への支援の一つの形態である。もし、その具体的課題を解決した製品が創出できれば、政府が最初の購入者になってくれて、商業化の最初のステップに成功した証左となりうる。

　SBIRプログラムの評価に、National Research Council（NRC：全米研究評議会）のものがある。それによれば、評価は肯定的なものである（Wessner, 2008）。ここでは、本論に関係する商業化、市場開拓というポイントに絞って指摘する。①SBIRプログラムは、イノベーションの民間における商業化の増大に寄与した。また、SBIR被採択企業の半分弱が市場に到達することに成功

した。② SBIR プログラムは、さまざまな連邦省庁の調達ニーズを十分に満た
した。

　以上から、SBIR においても、技術開発に対する補助金といった直接支援だ
けにとどまらずに、どのように売っていくのかという商業化といかに市場投入
を果たしていくかという市場化のための間接支援が重要視されているのがわか
る。

　次に、2 点目のマーケティング論の知見の観点に触れたい。企業の成長や競
争優位の維持のために、顧客の声に耳を傾けて、競合他社の動向を注視し、迅
速に組織として対応していくことは重要である。これに対応する概念がマーケ
ティング論における「市場志向」である。市場志向は、市場の情報を収集し、
それを組織内で浸透させて共有し、職能部門を越えて組織全体で対応する、と
いう大きく 3 つの活動から構成されている。市場志向が企業にとって重要であ
る理由には、企業が市場志向的であればあるほど、概ね成果も高いことが研究
から示されているからである。こうした、市場志向の成果として、組織成果（収
益性、事業成果に関する総合評価、市場シェアなど）（Narver and Slater, 1990;
Kohli *et al.*, 1993）が指摘されている。マーケティング論の市場志向の先行研究
から、企業組織が市場志向的になることが、具体的成果につながることがわか
るのである。

　次に、3 点目の経済学の知見の観点に触れたい。先に述べた市場志向は、組
織文化と捉えられている（Narver and Slater, 1990）。そのため、中小企業が市
場志向になるだけでは、新規事業での成果にはつながりにくいとみられる。な
ぜならば、具体的な資源は何も得られないからである。つまり、車でいえば、
エンジンだけがあって、そこにガソリンなどの燃料がないために、エンジンが
動かないようなものである。そこで、中小企業が抱えている具体的問題を解決
する燃料にあたるような資源の提供が必要ではないかと考えられる。経済学の
観点から、情報の非対称性（information asymmetries）を緩和する資源を中小
企業に提供するという役割があると考えられる。これは次の2つで説明できる。
1 つは、経営資源における情報の非対称性についての中小企業の状況、もう 1

つに、情報の非対称性についての経済学の知見である。

1つめに、情報の非対称性に関する中小企業の状況を確認する。1963年に制定されて、1999年に改正された中小企業基本法は、中小企業支援政策の基本的な方向性を示すものである。改正前の理念は、大企業と中小企業との生産面での格差是正を目指す「二重構造論」を背景に中小企業を「弱者」と位置づけて救済していくとした（大林, 1996）。しかし、1999年の改正後は、「多様で活力ある中小企業の成長発展」へと転換した（中小企業庁, 2000）。「弱者」という表現は、誤解を招くが、その言葉に惑わされずにいえば、中小企業には情報の非対称性が厳然とあり、これを公的機関が是正する必要があるという支援の本質を理解することが肝要である。経営資源の中でも、とりわけ情報の非対称性の解消を目指すところに、中小企業支援政策の一つの大きな役割がある。

2つめに、情報の非対称性に関する経済学の知見を確認する。非対称情報は、市場の相互作用の一般的な特徴である。商品の売り手は、見込みのある買い手よりもその品質についてよく知る。非対称情報を含む現代の市場理論は、Akerlof、Spence、Stiglitzの業績に基礎をおく（Löfgren *et al.*, 2002）。Akerlof（1970）は、中古車売買を例として取り上げ、売り手と買い手で質的情報（車の状態や調子）が同じでないことから、そうした状態を「情報に非対称性がある」とした。Spence（1973）は、求職者は潜在的雇用主よりも自分の能力についてよく知ることから、そうした非対称情報の下での雇用関係における教育の役割として、労働者の能力に関する情報提供の重要性を指摘した。Rothchild and Stiglitz（1976）は、非対称情報下での保険市場について分析した。その結果、中古車市場についてと同じ問題（Akerlof, 1970）が、保険市場にも当てはまることを見出した。一連の先行研究から、売り手と買い手の間で、情報量に差があることを、情報が非対称であるということができる。

情報の非対称性は、経済学における先行研究が指摘したような商品の売り手と買い手の間にだけ限定されるのではない。例えば、同じ買い手でも、一部の買い手よりも多くの情報をもっていれば、情報の非対称性があるということができる。例えば、中古車の買い手が何度も中古車業者と取り引きすることに

よって、特定の業者の中古車の程度について値段の割によいなどの質的な情報を蓄積していく。これを中小企業支援の文脈で捉えると、これまで事業を維持してきた中小企業には、事業化して、市場で経済的成果を得るに至るまでの過程において、さまざまな情報などの経営資源が多く蓄積されている。一方、新規事業に進出する中小企業には事業化に類する情報に関する資源は非常に少ない。また、大企業と比べるならば、情報に関する資源の蓄積の差は極めて大きい。こうした情報量の差の緩和・解消の役割を支援する必要がある。

これまで述べてきたことから、次のようにいうことができる。自治体の中小企業支援政策、とりわけイノベーション（新規事業）支援政策は、技術開発に対する補助金を提供する直接支援にとどまらず、当該中小企業を商業化へと意識を向けるように促し、市場投入にまで踏み込み、加えて、情報の非対称性を緩和・解消していくような間接（ソフト）支援が必要である。

そこで、大阪市による中小企業のイノベーション促進政策である大阪トップランナー育成事業（TR事業）（後述）をみてみると、間接支援を重視していることがわかり、「これが1つの答えではないか」と考えた。ただ、こうしたイノベーション促進政策の効果についての理論的フレームワークが構築されておらず、政策の理論的位置づけの必要性を感じた。こうしたことから、理論的フレームワークをつくり、中小企業のイノベーション促進政策の効果を測定する変数をつくり、一般化できるモデルを構築したいと考えた。このモデル化への挑戦が本書である。

このイノベーション促進政策の間接支援の効果を測定するにあたり、マーケティング論で研究蓄積のある「市場志向」の概念を用いることにした。ただ、市場志向は「組織文化」であるため、この変数だけでは十分に効果は測定できないと考えた。そこで、中小企業に対する支援により、直接的に獲得できるものとして「情報的資源」という概念を用いた。中小企業への支援は、市場へと意識を向ける市場志向の醸成というエンジンとなるものに加えて、そのエンジンを実際に動かすガソリンの役割を果たす情報的資源を提供することで効果が生まれるのではないかという2つの視角から、本研究では、中小企業のイノベー

ション促進政策である大阪トップランナー育成事業（TR事業）の効果について検討していく。TR事業の評価を下すには、これまでの自治体の支援政策に対する評価のような、予算額、支援内容、件数、といった指標では不十分である。なぜならば、被支援側である中小企業が支援によって効果があったのか否かが外部者にはまったくわからないからである。これは問題である。その理由は、国もさることながら、自治体による支援も税金を資金源に実施されているからである。中小企業支援のために税金を投入しているということは、実施主体である自治体は、当該地域の納税者に対して、こうした中小企業のイノベーション促進政策があり、予算額、支援内容、件数を示すだけではなく、理論的な裏付けのある枠組みから分析を試み、その結果に基づいて政策効果の有無を示さなければならない。

　先述したように、欧米では、英国のビジネスリンクや米国のSBIRのような中小企業に対する支援政策の効果について、多くの研究の蓄積があり、研究者による第三者評価が行われている。日本ではそうした中小企業支援政策の効果についての研究蓄積は、筆者の知る限りほとんど見当たらない。そこで、中小企業に対する支援政策の1つであるTR事業を対象とし、支援を受けた中小企業の事例を積み上げ、計測したデータに基づいて科学的な分析を試み、TR事業の効果の具体的な中身について明らかにするのが本研究である。

　問題意識を締めくくるにあたり、ここでしばしば呈される問題に対して答えておきたい。それは、「なぜ、自治体が特定の会社だけを支援するのか。それは、特別扱いにあたるのではないか」という問題である。TR事業はエントリーしたすべての中小企業に対して支援を行うわけではない。TR事業に認定された中小企業に対して支援が行われる。つまり、TR事業は中小企業支援政策の典型である全方位型ではなく、選別型の支援であり、ここ2〜3年では毎年10件程度の中小企業がTR事業の認定を受けている。TR事業は、「支援を行います」という公募を出し、その上でそれに対して手を挙げて応募してきた中小企業の中から、支援する中小企業を選んでいる。公募という公平な機会を提供した上で、審査を経て選ばれた中小企業に支援を行っている。こうした過程から、公

平性は担保されている。

　また、支援を受けても応えられる可能性が低いとみられる中小企業を選んだとしても、支援の意味をなさない。なぜならば、支援の効果が出ない可能性が高いからである。そのために審査があり、TR 事業では支援が実を結ぶであろう、支援の効果が見込まれる可能性のある中小企業を厳選している。TR 事業は自治体による中小企業支援政策ゆえに、各支援には当然、税金が投入される。TR 事業においては、この税金が活用されると推定できる中小企業に支援が行われる。こうした点からみると、税金の有効活用が図られているとみることができる。以上から、先のような疑問はあたらないと考えられるのである。

1−2 ┃ 本書の意義

　第一に、これまで述べてきた点を明らかにすることは、創業・新規事業に挑戦しようとするアントレプレナーに対して、先達の中小企業が新規事業にのり出したときに、実際にいかなる問題に直面し（問題の把握）、どのようにして解決し（解決法の認識）、いかなる成果につながったのか（効果の同定）を明確に示すことになる。それゆえに、創業・新規事業に挑む際、経営資源の補完を外部に求めて自治体の中小企業政策による支援を受けようと考えるアントレプレナーに役に立つものである。

　第二に、本研究は、イノベーション（新規事業）の促進には、これまでの中小企業政策の典型的支援である研究・技術開発に対する補助金の提供という直接（ハード）支援ではなく、事業化に資する知識提供を含む間接（ソフト）支援に焦点を当て、その支援の効果について学術的概念を用いて実証的に示す試みである。したがって、自治体の中小企業政策担当者、現場で支援実務を掌る統括責任者や専門家に対して、新規事業の促進にはこれまでの直接支援だけでは不十分であり、公的な間接支援の重要性を認識してもらえる。

　第三に、第二と関連して、本研究から、中小企業政策担当者が、新規事業にのり出す中小企業が本当に必要とする、効果のある支援というのは何かを、支

援の実務者とともに共有かつ理解することによって、今後の中小企業支援政策、とりわけイノベーション（新規事業）を促進する支援政策・制度設計の見直しや改善のための材料を提供できる。

　最後に、これまでわが国ではほとんどなされてこなかった中小企業支援政策の効果の測定について、本研究は学術的知見をベースにした具体的指標を提示する。そして、この指標を用いて、他の自治体の中小企業政策の効果の検証が可能となることに加えて、政策間での比較研究が可能となり、全体としての中小企業支援政策の質の向上に寄与できる。

1−3 ┃ 主要な概念について

　ここでは、本研究で使用される主要な概念について説明する。

1−3−1　中小企業

　中小企業の定義は、中小企業基本法第2条で規定されている。その定義では、中小企業とは、「製造業、建設業、運輸業等が資本金3億円以下、ならびに従業員300人以下、同様に卸売業は1億円以下、または100人以下、小売業は5千万円以下、または50人以下、サービス業は5千万円以下、または100人以下」とされている。本研究でも、「中小企業」という言葉をこの定義にしたがい、用いる。

1−3−2　イノベーション

　Innovation の語源は、ラテン語の innovare である。それは「新しいものを作りだす」という意味である。経済社会におけるイノベーション研究において、「イノベーション」という概念の定義を論じるうえで、誰もが引用し、避けて通ることができない巨人が、Schumpeter である。Schumpeter（1934）は、「イノベーションとは新しいものを生産する、もしくは既存のものを新しい方法で生産することを意味する」とした。生産とは利用することができる物（materials）や力（forces）を結合することを指しており、Schumpeter によれば、イノベーションとは、物や力をこれまでとは異なる形で結合すること、すなわち「新結合」なのである。新結合には5つの種類がある（Schumpeter, 1934）。その5つとは、①消費者に知られていない新しい財貨、②知られていない新しい生産方法、③新しい販路や市場の開拓、④原料または半製品の新しい供給源の獲得、⑤新しい組織の実現、である。以上から、イノベーションは、経済社会における「新たな組み合わせ」の導入であると解釈できる。

　Schumpeter（1942）は、木炭釜から溶鉱炉へと至る鉄鋼生産装置の歴史、水車から近代的工場へと至る動力の歴史、駅馬車から飛行機へと至る運輸の歴史、手工場から U.S. スチールのような大企業に至る企業組織の発展の歴史などの例から考察し、そこから資本主義の本質とは、不断に古きものを破壊し新しきものを創造して、絶えず内部から経済構造を変革する産業上の突然変異プロセスであるとし、この資本主義の本質となるプロセスを「創造的破壊」（Creative Destruction）と呼んだ。

　Drucker（1973）は、「人的資源と物的資源に対し、より大きな富を生み出す新しい能力をもたらすこと」であるとイノベーションを定義している。

　Freeman and Soete（1997）は、「産業イノベーションには、技術に加え、設計や製造方法、経営手法、そして商業上の活動が含まれる。こうした活動は、新規の（もしくは改良された）製品を市場に導入する際に、または新規の（もしくは改良された）製造方法や機械を初めて商業的に利用する際に生じるものである」と論じている。このことから、新技術だけでなくて、設計、製造方法やマネジメントなどの新規なものについてもイノベーションに含まれること、そして、イノベーションは製品（プロダクト）または製造方法（プロセス）を新しくする、あるいは改善する際に生起すると捉えることができる。

　イノベーションを捉えるうえで重要なのは「経済的成果」という視点である。イノベーションはインベンション（発明）ではない。インベンションは、科学・技術領域での新創造であり、経済的成果はその成立要件ではない。他方、イノベーションが成立するか否かは、市場において判定が下される。たといかに

高度かつ洗練されたこれまでにない新しい技術を開発したとしても、それが市場で受け入れられ社会に浸透していかなければ、イノベーションとはいえない。インベンションが社会に広く受容されてはじめて、イノベーションとなると理解しておけばよいだろう。例えば、あるアイデアに新規性があれば、特許として保護される可能性がある。しかし、特許が認定されたからといって、そのアイデアが盛り込まれた商品が商業的に成功するとは限らないのである。インベンション（発明）は、社会で広く普及し、実用的に役に立つように使用されて初めてイノベーションといえるのである。こうした視点から、イノベーションを「市場で受け入れられ、経済的成果をもたらす革新」という定義もある（一橋大学イノベーション研究センター編, 2001）。

本研究では、イノベーションの意味をSchumpeter（1934）の「新しい財貨」による新規事業という意味で用いることとする。

1−3−3　直接（ハード）支援と間接（ソフト）支援

中小企業支援政策の文脈では、直接（ハード）支援とは、とりわけ研究・技術開発などに対する補助金・助成金などの資金的（カネ）資源の提供による支援を意味する。また、資金的資源以外の支援は、間接（ソフト）支援を意味する。本書では、こうした意味で、「直接（ハード）支援」、「間接（ソフト）支援」という用語を使用している。

なお、英語では、直接（ハード）支援を"direct business support"、間接（ソフト）支援を"indirect business support"と表現することが一般的である。

1−3−4　市場志向

マーケティングに関心があるビジネスに携わる人たちにとって、企業の成長、存続のために、顧客の声に応え、競合他社の動きに目を配り、組織として対応していくことが大切であろう。こうしたマーケティング志向が、実際に企業活動に有効か否かについての議論は、マーケティングに携わるうえで重要なテーマとなる。どれだけ、企業がマーケティングを重要視したとしても、売上

などの業績、新たな製品・サービスの成功などの結果につながらないのであれ
ば、言葉だけが先歩きしただけで意味はない。こうしたことを踏まえ、これま
でにマーケティングの研究者たちは、マーケティング志向をもつことの有効性
についての議論を続けてきた。そのマーケティング志向の程度を測定する際、
「市場志向（market orientation）」という概念を用いて研究がなされている。
この市場志向は、先述したように、企業の成長、存続のために、顧客の声に応
え、競合他社の動きに目を配り、組織として対応していくことを指す概念であ
る。市場志向は多くの研究者の注目を集め、複数領域で研究の蓄積が進んでい
る。その源流については、Drucker（1954）が提唱したマーケティング・コン
セプトであるとの指摘も少なくない（Deshpandè *et al.*, 1993; Day, 1994）。市場
志向がマーケティングの研究領域において、鍵となる概念として急速に普及し
ていくのは、その後の 1980 年代末から 1990 年代にかけてである。

　市場志向の定義については、大別すると 2 つの視点からのもの、1 つめは、
Narver and Slater（1990）による組織の文化的視点からの定義、2 つめは、
Kohli and Jaworski（1990）による行動的視点からの定義とがある。市場志向
の研究の系譜を整理するうえで重要なのは、視点の違いによる定義という点で
はなく、異なる視点に基づくにも関わらず、操作的定義上では、双方とも共通
の行動を市場志向の構成要素としている点である（猪口, 2012）。具体的に示せ
ば、市場情報の収集、市場情報の組織内での共有、職能部門を越えての組織全
体での対応、これらを市場志向の構成概念として捉えている点で共通している
のである。そうした行動がみられる組織を「市場志向が高い」と捉えているの
である。

　市場志向を組織の文化的視点から捉えて定義したのは、Narver and Slater
（1990）である。Narver and Slater は、市場志向を次のように定義した。

　「買い手に継続的に優れた価値を創造するために必要な行動を最も効果
　的・効率的に生み出し、その結果として優れた事業成果をあげる組織文化
　である」（1990, p.21）

すなわち、市場志向とは組織文化であり、そしてその文化によって、顧客にとって優れた価値を創造するために必要となる行動が生み出されていく、という立場である。

　市場志向を行動的視点から捉えて定義したのは、Kohli and Jaworski（1990）である。Kohli and Jaworski は、市場志向がいかなる行動として捉えられるかを、先行研究やインタビュー調査を通じて明らかにしようとした。結果として、Kohli and Jaworski は、市場志向を次のように定義した。

　　「現在もしくは将来の顧客ニーズに関する市場情報の組織全体での生成、
　　その部門を越えた普及、その市場情報への組織全体での反応」（1990, p.6）

　すなわち、現在の顧客によって表出されたニーズ、将来のニーズ、さらにこうしたニーズに影響を与えるであろう要因も考慮したうえで、市場情報を生み出し、それを部門を越えて普及させていき、組織全体で反応していくという一連の行動がみられる組織が、市場志向の組織であるという。

　次に、市場志向の構成要素について説明する。市場志向の原点であり、代表的研究である Narver and Slater（1990）と Kohli and Jaworski（1990）の研究における構成要素を確認する。

　Narver and Slater（1990）においては、市場志向の構成要素は「顧客志向」、「競合他社志向」、「部門間調整」の3つである。顧客志向と競合他社志向は、ターゲット市場における顧客と競合他社についての情報を獲得する活動とそうした情報を組織全体に普及させる活動を含んでいる。そして、部門間調整とは、顧客と競合他社の情報に基づき、ターゲットとなる顧客に優れた価値を創造するため、企業の資源を組織的に活用する活動である。

　Kohli and Jaworski（1990）においては、市場情報の流れの側面に着目して市場志向の構成要素を規定している。市場情報とは、顧客、製品、売上や競合他社に関する一連のマーケティングについての情報を指している。構成要素と

して、まず「市場情報の生成」により顧客ニーズに影響する外部環境を把握し、顧客を理解する。次に「市場情報の普及」で、他部門とのコミュニケーションを緊密にしながら、その市場情報を伝え、浸透させていく。最後に、「市場への反応」で組織成員が市場情報をもとに市場に反応していく、という3つを挙げている。

　次に市場志向の測定項目についてである。ここでは、本研究で採用するNarver and Slater（1990）による測定項目に絞って示す。

　Narver and Slater（1990）の測定項目は、顧客志向、競合他社志向、部門間調整という3つの構成要素ごとに顧客、競合他社、部門間の調整について表現されている[3]。

1-3-5　経営資源

　経営資源とは、「事業活動に必要なさまざまな能力（capabilities）や資源（resources）の全体」と定義される（伊丹, 1980, 1984）。またBarney（2002）は、「経営資源とは、企業のコントロール下にあり、企業の効率と効果を改善する戦略を構想したり、実行したりすることを可能にする経営資源についてのすべての資産、ケイパビリティ（能力）、コンピタンス、組織内のプロセス、企業特性、情報、知識などである」とした。

　一般的に、経営資源はその形態に従ってヒト（人的資源）、モノ（物的資源）、カネ（資金的資源）、そして情報（情報的資源）の4つに分けられる。ヒト（人的資源）とは、企業で事業活動に携わる人たち全般を指す。例えば、経営者、管理者、研究開発に従事する技術者、生産、営業、販売といった業務にあたる現場担当者などが挙げられる。こうした人たちが提供する用役（サービス）があり企業活動は成立し、ヒトは労働力としての肉体的貢献だけではなく、同時に知的貢献を行うことでもって、他の経営資源の運用効率を左右する特徴をも

---

[3] 測定項目である顧客志向、競合他社志向、部門間調整のそれぞれ内容については、市場志向の先行研究レビューのところで表にしてあるので参照されたい。

つ（井上・佐久間編著, 2008）。モノ（物的資源）とは、企業の事業活動に用いられる物理的なもの全般を指す。例えば、生産活動において使用される機械設備、原材料、部品、工場、倉庫、トラック、事務所や営業所、研究所、コンピュータなどが挙げられる。カネ（資金的資源）とは、事業活動で使われる資金全般を指す。モノの購入や従業員への給与の支払いなど、他の経営資源を調達するための原資となる。資金的資源は、製品・サービスを市場に投入し、その製品・サービスが受け入れられて経済的成果が出ることでコストを上回る収入が得られれば、収益となり企業に還元される特徴をもつ。こうした３つの資源は、いずれも具体的で目に見える資源である。

　他方、情報的資源とは、事業活動を行うために必要な無形の目に見えない資産全般を指す。例えば、企業活動に必要な業界・市場・技術・顧客情報、ノウハウや技術、信用力、ブランド・イメージ、従業員のモラール（士気）などが挙げられる。情報的資源は、経営活動へインプットされる資源であるだけではなく、経営活動プロセスを通じた結果、新たに蓄積されるアウトプットという特徴ももっている。情報的資源については、本研究における分析フレームの１つなので詳しくは後述する。

　経営資源には、２つの意味の必要性がある（伊丹, 1980, 1984）。事業活動にとって、「物理的に不可欠」という意味と「うまく活動を行うために必要」という意味である（伊丹, 1980, 1984）。言い換えると、事業活動のためにとにかく必要であるヒト、モノ、カネという経営資源と成果があげられるように事業活動をうまく行っていくのに必要である情報という経営資源とがある。

　次に、経営資源の特性について説明する。吉原ほか（1981）は、経営資源を「可変的資源」と「固定的資源」とに分類することが肝要であると主張した。「可変的資源」とは、企業が、市場（労働力市場、原材料・部品市場、資本市場）から調達可能な資源のことである。例えば、未熟練の作業者、原材料、量産された機械、銀行からの貸付けなどである。他方、「固定的資源」とは、市場からの調達が難しく、蓄積にも時間を要する資源のことである。ある資源の量を増減させるのに、時間やコストがどのくらいかかるかで、固定的資源と可変的

資源とを区別している。固定的資源とは例えば、熟練した作業者、自社開発の設備、販売ルートなどである。加えて、技術情報、ノウハウや技術、信用力、ブランド・イメージ、従業員のモラール（士気）などの情報的資源も固定的資源である。固定的資源は、市場からの調達が容易な可変的資源とは異なり、他社との差別化による優位性を付与するものであるがゆえに、固定的資源は、企業が意図的に蓄積を図る必要のある戦略上重要な資源である（井上・佐久間編著, 2008）。

可変性と固定性による分類（吉原ほか, 1981）に、伊丹・加護野（2003）は、「汎用性」と「企業特性」をさらに加えた二軸から経営資源の分類を試みている。資源の可変性と固定性の次元は、市場からの調達の困難性の程度による分類であり吉原ほか（1981）と同じである。さらに、汎用性と企業特性の次元は、「企業特異性」、すなわち当該企業にとってのみ意味をもつという特異性が高いか低いかというものである。例えば、汎用性が高い資源は、現金、証券、土地、設備、一般的な流通ルートなどである。他方、企業特異性が高い資源としては、内製機械、熟練した労働力、系列化された流通ルートである。さらに技術・顧客情報、ノウハウや技術、信用力、ブランド・イメージ、従業員のモラール（士気）（伊丹, 1980, 1984）などの情報的資源である。

1－3－6　情報的資源

情報的資源は、目に見えない資源であるため「見えざる資産」（伊丹, 1980, 1984; Itami, 1987）とされる。例えば、企業活動に必要な技術・顧客情報、ノウハウや技術、信用力、ブランド・イメージ、従業員のモラール（士気）などが挙げられる（伊丹, 1980, 1984）。こうした資源は、固定性が高く、お金を出しても購入できないため市場から調達することはできない。お金を出しても買えないため、蓄積（資源形成）したり、作ったりするのに時間がかかる。もしお金を出して買えたり、作るのに時間がかからなかったりする資源であるなら、競争相手にすぐさま同じ資源をもたれてしまい、同じことができるようになる。そうした資源では、競争上の差別力の源泉とはなりえない。

また、情報的資源は企業特異性（firm-specific）（伊丹・加護野, 2003）が高いため、他社からの模倣も困難である。成果があがる事業活動をもたらす源泉となるのが、見えざる資産である情報的資源なのであり、競争力の真の源泉となる（伊丹, 1980, 1984）。

1−3−7　情報の非対称性

非対称情報は、市場の相互作用の一般的な特徴である。商品の売り手は、見込みのある買い手よりもその品質についてよく知る。Akerlof（1970）は、中古車売買を例として取り上げ、売り手と買い手で質的情報（車の状態や調子）が同じでないことから、そうした状態を「情報に非対称性がある」とした。

Rothchild and Stiglitz（1976）は、非対称情報下での保険市場について分析した結果、中古車市場についてと同じ問題（Akerlof, 1970）が、保険市場にも当てはまることを見出した。つまり、情報を持つ経済主体は中古車市場では車の売り手であるのに対し、保険市場では加入者という個人である。他方、情報を持たない経済主体は、中古車市場では買い手であるのに対し、保険市場では保険会社である。ここから、中古車・保険市場の情報の非対称性の構造は同じであるとできる。こうしたことから、売り手と買い手の間で、情報量に差があることを「情報が非対称である」ということができる。

1−3−8　キーワードの関係性

ここで、これまで説明してきた主要な概念から本研究で特に中心となるキーワードについて、その関係性を図で示しておきたい。なお、図の中でもキーワードの定義を記した。

図1　キーワードの関係性

中小企業[1] イノベーション[2] 促進政策	間接支援[3] 重視	中小企業	中小企業
大阪トップランナー 育成事業（TR事業）		中間成果 ・市場志向[4]の醸成 ・情報的資源[5]の獲得 →　情報の非対称性[6] 　の解消	最終成果 ・引き合い・問い合わせ ・売上 ・成功の見通し ・黒字化 ・プロジェクト継続性

1：製造業、建設業、運輸業等が資本金3億円以下または従業員300人以下、同様に卸売業は1億円以下または100人以下、サービス業は5千万円以下または100人以下、小売業は5千万円以下または50人以下（中小企業基本法第2条の定義）

2：Shumpeter（1926）の新結合の5つ概念（新しい財貨、新しい生産方法、新しい販路の開拓、原料あるいは半製品の新しい供給源の獲得、新しい組織の実現）に拠る。本研究では、「新しい財貨」による新規事業。

3：直接（direct）支援とは、研究・技術開発などに対する補助金・助成金などの資金（カネ）提供による支援で、他方、資金的支援以外の支援（販路開拓など）は、間接（indirect）支援に区分。

4：買い手に継続的に優れた価値を創造するために必要な行動を最も効果的・効率的に生み出し、その結果として優れた事業成果をあげる組織文化（Narver and Slater, 1990）

5：経営資源の一つでヒト・モノ・カネといった有形経営資源とは異なり、技術導入ルート、生産ノウハウ、顧客の信用、ブランドの知名度、従業員の士気など無形で目に見えない資源（伊丹・加護野, 2003；加護野編, 2003）

6：本研究においては、アクター間で、情報量に差がある状態のこと。もともとは、売り手と買い手の間における情報量の差（Akerlof, 1970; Rothchild and Stiglitz, 1976）

第2章

先行研究の調査と整理
—中小企業政策・市場志向・情報的資源—

2-1 中小企業政策

2-1-1 国の中小企業政策 中小企業政策の定義と主体

　戦後の中小企業政策は、日本の産業政策の大きな柱の一つであって、経済発展に資する働きをしてきた。しかし、現在までに中小企業を取り巻く環境は、大きく変化した。例えば、経済のグローバル化、アジア諸国の工業化の進展、IoT の加速化、少子高齢化社会の進展などが挙げられる。そうした環境下で、「中小企業の近代化・不利是正」という中小企業を弱者として位置づける政策の見直しが図られた。中小企業が経済社会にあって、革新の担い手として役割が果たされるように、「創業・経営革新の促進」という新しい政策への転換が進んでいる。

　中小企業政策とは、特定規模以下の中小企業を対象にした、政府が主体となり講ずる政策のことである。第一の政策主体は、国（中央政府）の中でも、中小企業庁である。中小企業庁は、経済産業省の「外局」という位置づけにあり、そのため中小企業政策は、経済産業省による産業政策の影響を受けてきた。この産業政策とは、産業の育成・調整政策であり、最適な産業構造の実現を目標としている。第二の政策主体は、地方政府（自治体）である。日本では、地方政府は都道府県と市町村の2層から成る。これまで、中小企業政策は、国による政策という印象が強い。1970 年以降に、東京都の墨田区、大田区といった一部の基礎自治体での取り組みがあるくらいであった（植田ほか, 2014）。こうした状況であった理由は、1963 年制定の中小企業基本法第4条において、中小企業政策は国が担当するものであり、地方自治体は国に準じて施策を講ずることになっていたからである。しかし、1999 年改正の中小企業基本法では、中小企業対策について、国と地方自治体で役割を分担して、それぞれ施策に取

り込むこと、地方自治体には中小企業政策を講ずる責務があることが定められたことから、地方自治体による取り組みが少しずつ増えてきたのである。このことは、地域経済の実情というのはそれぞれで異なるため、国による日本全国で画一的な政策はなじまず、とりわけ市町村の自治体による行き届いたきめの細かい中小企業政策を講ずる必要性を表している。

2－1－2　中小企業政策の特徴と役割

　日本経済においては、中小企業が量的に大きな地位を占めるばかりではなく、機能的にも重要な役割を担っている。こうした中小企業が規模のゆえに市場経済で競争上の不利を受けたり、経営の不安定性などにより社会的問題になるのを避けたりするために、いろいろな中小企業政策が実施されてきた。

　世界に目を転じれば、米国では、寡占化の弊害排除という反独占的な理念に立脚する中小企業政策があり、英国においても、寡占化の弊害の排除を基本理念として掲げているが、1980 年代からは、失業問題の解決のために、新規開業を促進する政策がとられている（青山, 2011）。フランスやドイツは、元来、特定の社会階層の保護という色合いが強く、手工業の保護と育成が中心であったが、1970 年代からは、経済活性化のために中小企業政策が重んじられるようになっている（青山, 2011）。

　戦後の日本では、反独占的な理念の色濃い中小企業政策からスタートしたが、その後に、産業構造の高度化のために中小企業を振興するという産業構造政策の１つとして中小企業政策が講じられている。青山（2011）によれば、中小企業政策にはその起点として２つの側面があるとしている。１つに、中小企業が抱えている金融難、資材入手難、大企業の参入、下請代金支払いの遅延などによる経営難という諸問題を起点とするものである。２つめに、中小企業が果たす役割の促進という産業政策を起点とするものである。ここから、日本の中小企業政策は、中小企業が抱える問題に対して、単に個別の中小企業が抱える経営上の問題として捉えるのではなく、産業政策上の問題として捉えて政策が形成されてきたところに大きな特徴がある（青山, 2011）。中小企業政策の役

割を産業政策の枠組みから整理すると、4つに分けられる（青山, 2011）。①産業政策を補完して、経済発展を促進する役割、②経済の環境変化に対する中小企業の適応を促進し、競争市場を確保する役割、③競争を促進する役割、④競争制限的な役割である。

2−1−3　中小企業政策の根拠と類型

中小企業政策の根拠については、中小企業が1つの層として特定の性質を有していることである。その性質とは、独占に対する対抗力となること、新たなアイデアや技術革新が生まれる土壌があること、地域密着性が高いこと、賃金水準が相対的に低いこと、景気変動に対する抵抗力が弱いこと、取引上で不当な要求を強要されやすいことである（本多, 2013）。このように、中小企業はさまざまな性質を内包している存在である。それゆえに、中小企業政策が、反独占のための政策、イノベーション創出のための政策、新産業創出のための政策などと多様なものとなりえるのである。

中小企業政策の多様性について、いくつかの類型が提案されている。有田（1990）は、中小企業政策をその性格に基づき、①適応助成政策、②不利是正政策、③保護政策の3つの類型に分けている。黒瀬（2006）は、中小企業施策の分類と中小企業政策の類型化を試みている。中小企業施策の分類としては、①基礎的施策、②適応策、③不利是正策、④創業・新規事業支援策、⑤保護策、⑥小規模企業対策に分けている。また、中小企業政策の型として、①経済民主型中小企業政策、②産業育成政策型中小企業政策、③産業調整政策型中小企業政策、④競争政策型中小企業政策に分けられるとしている。清成（2009）は、中小企業政策の3つの類型として、①市場補完政策（創業支援政策と既存の中小企業政策）、②調整政策、③救済的保護政策があるとしている。

2−1−4　中小企業政策と中小企業基本法

日本の中小企業政策は、中小企業基本法を頂点に、諸々の政策が体系的に講じられている。1963年にはじめて中小企業基本法が制定され、その後1999年、

2013 年に改正されている。中小企業政策は、いかなるプロセスを経てつくられているのかを確認しよう。概ね、4 段階のプロセスを経ている（中田, 2013）。

①中小企業・業界団体などへの調査・ヒアリングを通じて実態を把握して、中小企業などの意見・要望を聴取する。一方では、政府の計画・ビジョンを精査して、中小企業政策に落とし込み、課題を抽出して基本的対応の方向性を検討する。

②新規政策やスクラップする政策の素案を作成し、中小企業庁内での承認を得て、予算要求をつくる。

③財務省や与党との折衝・調整を行い、予算案や法案を国会で審議する。

④政策を実施する体制を整備する。

　こうした 4 段階のプロセスを経て、中小企業庁でつくられた政策は、司令塔の中小企業庁から、地方経済産業局、中小企業基盤整備機構という政策実施機関を通じて中小企業に対して執行されている[4]。ここで説明したのは、国（中小企業庁）による、中小企業政策の執行までの流れであるが、都道府県や政令指定都市の中には、国とは異なる独自の中小企業政策を立案し、執行している自治体も存在している。本研究は、まさしく政令指定都市による独自の中小企業政策を研究対象にしている。

2－1－5　中小企業基本法の転換と中小企業政策

　中小企業基本法は 1963 年に制定され、1999 年に全面的に改正され新たな基本法となった（以下、それぞれを 63 年基本法、99 年基本法と略す）。なお本節では、63 年基本法から 99 年基本法への転換点に絞って論じる[5]。2013 年にも改正されたが、小規模企業に焦点を当てた部分的な改正に留まっている。

　63 年基本法から 99 年基本法への改正においては、中小企業の見方・位置づ

---

[4]　詳しくは、経済産業省「日本の中小企業・小規模事業者政策　2013 年」を参照されたい。

け、そして中小企業政策の捉え方・考え方自体も大きく転換し、全面的な改正がなされた。基本法の転換の要点として主に次の 5 つが挙げられる[6]。

　第一に、中小企業の見方が、「問題型中小企業観」から「積極型中小企業観」（黒瀬, 2012）へと大きく変化した。63 年基本法前文では、中小企業は国民経済・生活上重要であるが、生産性・企業所得・労働賃金などで大企業との間での格差が大きく、そして経済的・社会的制約から、不利を被っている存在だと問題視していた。他方、99 年基本法は、こうした 63 年基本法のいう大企業と中小企業の間での生産性や賃金の大きな格差が存在する二重構造[7]を乗り越える積極的な経済の担い手として、捉えるように変わった。つまり、99 年基本法第 3 条にあるように、中小企業を、①新しい産業を創出する、②就業機会を増大させる、③市場における競争を促進する、④地域における経済の活性化を促進する、とする見方で捉えるようになった。

　第二に、中小企業政策の目的が、63 年基本法全文および第 1 条にある「中小企業の経済的・社会的制約による不利を是正する」すなわち、中小企業の生産性および取引条件が向上することから、中小企業の「多様で活力ある成長発展」（99 年基本法第 3 条）を支援することに変化した。また、目的を達成する手段も、「中小企業の近代化」、「中小企業構造の高度化」（63 年基本法第 3 条）

---

[5] これまでの中小企業分野の研究では、1963 年に制定された中小企業基本法を「旧基本法」、1999 年に改正された中小企業基本法を「新基本法」とするのが通例である。しかし、2013 年にも改正されているため、実際「新基本法」という用語でもって 1999 年改正の基本法を指すのか、あるいは 2013 年改正の基本法を指すのかがわからず、誤解を招きかねない。そこで、本研究では「基本法」の前に年号を付して用いる。こうした用い方は、植田ほか（2014）の桑原による章にみることができる。

[6] 第二から第五の転換の要点については、植田ほか（2014）の整理に負う。

[7] 「二重構造」の問題を初めて提起したのは有沢広巳である。有沢（1957）は、日本の経済構造は欧米先進国とは異なり、近代化した分野と未だ近代化しない分野に分かれており、両分野の間には大きな隔たりがあり、未だ近代化していない中小企業、小型経営の存在は広範かつ、停滞していると指摘した。経済企画庁（1957）も、有沢の問題提起に沿った形で、「わが国雇用構造においては一方に大企業、他方に前近代的労使関係に立つ小企業及び家族経営による零細企業と農業が両極に対立し、中間の比重が著しく少ない」とした上で、「いわば一国のうちに、先進国と後進国の二重構造が存在するのに等しい」とした。

から、「経営の革新及び創業の促進」、「中小企業の経営基盤強化」、「経済的・社会的環境の変化への適応の円滑化」、「資金の提供の円滑化及び自己資本の充実」（99年基本法）へと変化した。ここでいう「経営の革新」とは、99年基本法第2条に従えば、新製品の開発・生産、商品の新たな生産・販売方式の導入、新たな経営管理方法の導入、その他の新たな事業活動を行うことで、その経営の相当程度の向上を図ることである。こうした意味での「経営の革新」の内容は、Schumpeter（1926）によるイノベーションの定義に完全に依拠し、従うものである。つまり、Schumpeterがイノベーションとして指摘した、新しい財貨、新しい生産方法、新しい販路の開拓、新しい組織の実現である。

　これに関連してここで指摘しておきたいのは、63年基本法から99年基本法への転換の特徴として、中小企業のイノベーションを重視しているとの指摘がなされていることである。例えば、鹿住（2001）は、中小企業は大企業との格差にあえいでいる「弱者」との位置づけから、雇用創出の担い手、イノベーションの担い手といった積極的な役割を果たす主体として、その存在意義が拡大されたとしている。また、寺岡（2010）では、新法の目指すとされる政策的方向性は、（中略）イノベーションの一層の促進であると述べられている。長山（2010）でも、99年基本法について、中小企業のイノベーション促進を大きな政策の目標にしているとした。こうしたイノベーションの重視という転換点を受けて、本多（2013）は、99年基本法で意図する支援について、かつての「近代化」政策や「指導」行政のように、行政側から目指す方向が示されるのではなくて、中小企業が置かれているそれぞれの状況に合わせ、それぞれの創意工夫に対して実施されるものだとした。言い換えると、中小企業自らが技術、市場、事業などで発展の新しいきっかけを探索する活動をする、その意味で、「イノベーション」という言葉が想起されやすいと説明している。

　第三に、地方自治体の位置づけの変化である。地方自治体が、「国の施策に準じて施策を講ずる」（63年基本法第4条）存在であったのが、「中小企業に関し、国との適切な役割分担を踏まえて、その地方公共団体の区域の自然的・経済的・社会的諸条件に応じた施策を策定し、及び実施する責務を有する」（99

年基本法第 6 条）へと変わった。

　第四に、同業種の組織化、つまり組合や事業の共同化（66 年基本法 13 条）だけに限らず、もっと緩やかな中小企業者同士の経営資源の相互補完のための異業種間であっても、必要に応じて支援策を講じる（99 年基本法第 16 条）ようになったのである。

　第五に、新しい施策として、「産業集積」・「商業集積」活性化策が登場した。これは、63 年基本法にはないものである。こうした策があらわれた理由として、中小企業庁編（2000）では、個々の中小企業者に支援をする場合と比して、「産業集積」・「商業集積」が地域集積のメリットを発揮することが多く、施策効果が高いと考えられるためである、と説明している。

2-2 ┃ 自治体の中小企業政策

2-2-1　自治体の中小企業政策の変遷

　前節でみたように、99 年基本法への改正後、自治体は国と役割の分担をして、その地域の中小企業政策を講じる責務を負うに至った。ここでは、明治時代から今に至るまでの自治体の中小企業政策の歴史を概観していく[8]。自治体による中小企業政策とは、政策の主体が都道府県・市町村といった自治体であり、その自治体の区域の中小企業を対象にして講ずる政策のことである。

　そのはじまりは、明治時代にさかのぼることができる。明治時代の当時の中小企業政策は、政府が輸入を防いで輸出の促進を狙い、地域産業の発展を奨励・後援するという勧業政策という形式で実施されていた。明治前期においては、東日本の府県が、具体的には養蚕・製糸というような地域産業に対して、中央政府から必要に応じて資金を獲得して、桑苗の貸渡し、官営製糸場、試験場の建設、博覧会の開催、勧業パンフレットの配布、粗製濫造の防止、流通統制などといった勧業政策を行っていた。こうした府県の取り組みは、中央政府

---

[8]　自治体の中小企業政策の歴史については、植田ほか（2014）に負う。

に先んじていた。内容もさまざまで、政策の立案・執行に関する地方政府の自由度が大きいことを示している。言い換えるならば、この時期には、中央政府による統一した政策のメニューはまだ確立されていなかったのである（斎藤, 1984）。

　日清戦争から明治後期に入ると、前田正名の『興業意見』[9]の影響もあり、中央政府（農商務省）の中小企業政策が整備されていくことによって、地方政府による勧業政策に同質化がみられるようになった。例えば、地方政府により、①商品陳列所の設立・運営、②同業組合を通した粗製濫造品の取り締まり、製品の管理・改良、③工業試験場の設置と技術指導というような、同様の施策が講じられるようになった（斎藤, 1984；杉原, 1995）。大阪府が 1922 年に、専門家を招聘して初めて工場の診断を行い、ついで 1925 年には、全国で初の産業能率に関する公設研究機関である大阪府立産業能率研究所を設立、産業能率についての経営指導を行っている（沢井, 2012）。

　また、国に先駆け自治体が実施した金融に関する中小企業政策には、大阪市による公金の金融機関への預託による中小企業への融資を促進させる特別融資制度（1950）（本多, 2013）、京都府による無担保・無保証人の小企業特別融資制度（1966）（本多, 2013）がある。その中でも、大阪市による特別融資制度（1950）は、全国的に普及し（大阪市経済局, 1971）、京都府による小企業特別融資制度は、国の小企業経営改善資金融資制度（1973）の設立につながったといわれる（牟礼, 1982）。

　次に、自治体の中小企業政策を 63 年基本法と関係づけてみていく。戦後に

---

[9]　1884 年刊行の『興業意見』とは、在来産業を初めて取り上げて農商務省役人、前田正名が編纂したものである。在来産業とは、日本の伝統的な生活と関連、家族を主体とした小零細規模経営が特徴である。織物業や製糸業などの繊維産業、醸造業、製茶業などの食品工業、陶磁産業、花莚産、薬製品などが含まれている。『興業意見』の中で、日本の社会と経済における在来産業の役割を重視した。当時の明治政府の経済政策は、欧米から移植された産業の定着による近代化、産業化が最優先されていた現状に対して、前田らは在来産業振興のための技術・製品の改良指導と粗製品の取り締まりの必要性を強く説いた。それゆえに、『興業意見』は日本における、中小企業の問題、中小企業政策についての初の研究と位置づけることができる。

なり、日本国憲法で地方自治の趣旨が保証されて、地方政府が完全な自治体となった。その上で、地域の中小企業が抱えている問題を解決するために、さまざまな施策に取り組むことになる。こうした中には、例えば、生産管理、技術の調査診断、指導という企業診断のように、もとは地方自治体によりはじめられた施策が、後になって中央政府で制度化されて、全国に展開されるものもあったのである（黒瀬, 1997）。

　1963 年には、中小企業基本法が制定され、「地方公共団体は、国の施策に準じて施策を講ずるように努めなければならない」（第 4 条）とされると、中小企業庁が中小企業政策を立案して、その実施機関の役割を自治体が果たすという色彩が強まった。これについて、中小企業庁（1963）は、地方自治の尊重という見地からすると、地方自治体は国と密接な協調をとりながらも、独自の判断から施策を講ずることがあるため、義務ではなく、第 4 条にあるように、「講ずるように努めなければならない」とした、との説明をしている。すなわち、地方自治体が、国とは異なる独自の中小企業政策を講ずる可能性を否定してはいないのである（植田ほか, 2014）。ただ実際のところ、都道府県・政令指定都市、市町村は、中小企業者のための相談窓口であり、中小企業者が施策を活用するチャネルとして重要な役目を果たしている（中田, 2013）。つまり、自治体は国の政策の受け皿および窓口としての役割を果たし、実施する機関である。山本（1977）によれば、63 年基本法の制定は、基本法に基づく中央政府による全国画一的な中小企業政策が立案されて、執行されることを意味し、自治体が国とは異なる独自の中小企業政策を講ずることがあまりなくなっていったと指摘している。池田（2002）もまた、自治体が国の政策に組み込まれることによって、自治体の中小企業政策の独自性が失われるという問題を生じさせたと、山本（1977）と同様の指摘をしている。

　こうした国の中小企業政策を実施する際の窓口や審査といった機能を担う自治体と国の中小企業政策との関わり方以外の他にはどのような関わり方があるのだろうか。本多（2013）によれば、国の中小企業政策を実施する際の窓口や審査といった機能を担う以外に、①国の支援制度を自治体が活用する、②国が

自治体の中小企業支援機関のバックアップをしている、③市町村に比べて都道府県が主体になっている、つまり、都道府県の方が国の制度に直接的に組み込まれている、の３点を挙げている。

2−2−2　自治体独自の中小企業政策

　1970年代後半から、東京都墨田区、大田区といった中小企業が多く集積する区域で、国とは異なる独自の中小企業政策を積極的に展開する自治体がみられるようになった。墨田区は、区内の中小企業の現状や課題を把握するために、1977年から78年に中小製造業実態調査、1978年から79年にかけて中小商業・サービス業実態調査を実施した。そして、1979年、「墨田区中小企業振興基本条例」を制定している。その第１条では、墨田区では中小企業が重要であるため、中小企業の健全な発展と区民福祉の向上に寄与することを目的として、区が中小企業振興政策を行うことが宣言されている。墨田区の国とは異なる独自の取り組みは、他の自治体のモデルになっていった。しかし、こうした取り組みは、1980から90年代にかけて、大田区や板橋区といった中小企業が多くある東京都の特別区でみられるにとどまった（植田ほか, 2014）。

　2000年代に入ると、中小企業実態調査を行ったり、中小企業振興基本条例を制定したりと、国とは異なる独自の政策を講じる自治体が出てくるようになった。その理由には、①99年基本法第６条で、自治体が地域の中小企業に対して、地域の特性に応じた施策を企画・立案して実施する責務を有することになったこと、②バブル崩壊後の長引く不況の中で、自治体が地域の中小企業について実態調査を行い、何かしらの振興策を講じる必要が出てきたこと、が挙げられる（植田ほか, 2014）。中小企業実態調査の実施についてまとめたのが、表３である。

　こうした中小企業実態調査は、地域内の中小企業の実態を把握し、その抱えている問題に対して直接に対応可能な施策を企画・実行できる意味があるといえる（植田, 2007）。

　中小企業振興基本条例の制定の状況をみるまえに、中小企業振興基本条例に

表3　中小企業実態調査の実施

時　　期	実施自治体（東京都特別区）
1977 年	墨田区、港区
1980 年	大田区
1981 年	品川区
1987 年	板橋区
時　　期	実施自治体（近畿）
1999 年	東大阪市
2000 年	守口市、大東市
2002 年	大阪市
2003 年	京都市、岸和田市
2004 年	神戸市
2006 年および 2010 年	大東市

出所）植田ほか（2012）をもとに作成

ついて確認する。これは、自治体の中小企業振興の理念を示したものであり、それに対応した施策の基本の方向性、自治体・中小企業・住民・経済団体等の役割を明示した理念条例である。施策に対する、拘束力はない（岡田ほか, 2013）。中小企業振興基本条例については、墨田区（1979 年）を皮切りに、90年代前半までに東京都特別区で制定されてきた。2006 年度からは、北海道、関東、中部、近畿の多くの自治体で制定されてきている。

2－2－3　自治体の中小企業政策の現状

　植田ほか（2014）は、自治体の中小企業政策の現状について、①各自治体で地域中小企業の実情・課題に合わせた多様な施策の展開がみられる、②自治体の中小企業政策のメニューにはまだ自治体間で同じものが多い、という 2 点を指摘している。まず、各自治体で地域中小企業の実情・課題に合わせた多様な施策の展開については、大阪市、大阪府、東京都大田区の事例を挙げている（植田ほか, 2014）。

大阪市のビジネスマッチング倍増プロジェクトというマッチング事業は、新たな取引先を探す中小企業に対して、経験豊かな企業 OB のマッチングナビゲーターが、個別訪問する。そこで、訪問先企業の得意分野、保有技術、要望を聞き取り、それをもとにマッチングナビゲーター同士で情報交換を行う。ここでお互いのもつネットワークの中で、マッチング先を探索して紹介し、両社が新規の取引に向けて検討に入るところまで行うというものである。

　大阪府の MOBIO（ものづくりビジネスセンター大阪）の中小企業支援の活動は、筆者が現地を訪問して府の担当者に聞き取りしたことがある。聞き取りから、MOBIO‒Café は、中小ものづくり企業に対して、大手メーカー、異業種企業、大学、一般人、行政職員などとの出会いの場を提供している。そこでは、おおよそ 30 人程度までの少人数で、テーマを決めてセミナーやワークショップを行う。ここから事業へとつなげていくことを目指した交流事業を実施している。また、MOBIO‒Café Meeting は、MOBIO の展示場に出展している企業による説明会と交流会を月に 2 回開催している。

　東京都大田区の政策実施・中小企業支援組織である公益財団法人大田区産業振興協会は、区内の中小企業が仕事を拡大するためには、海外進出が肝要であると考えた。その受け皿として、タイ東部のアマタ・ナコーン工業団地に「オオタ・テクノ・パーク」という集合工場を準備した。そこへ入居する企業を募集して、日本人スタッフによる日本語での法務や会計などの支援を行っている。中小企業にとって、初期費用がほとんどいらず、同工業団地に入居している 500 社を超える企業と取引できる機会が得られる取り組みである（山田, 2009）。

　次に、自治体の中小企業政策のメニューにはまだ自治体間で同じものが多いとの指摘については、2009〜2014 年の 5 年間で重点的に実施された施策は、「企業誘致」（69.7％）、「融資・信用保証」（45.9％）、「地場産業支援」（27.4％）であった（植田ほか, 2014）。

　これまでみてきたように、大阪市、大阪府、東京都大田区による中小企業政策のような、自治体による多様な施策というのはまだごく一部である（植田ほ

か, 2014)。また、自治体の中小企業政策のメニューについては、自治体間で同じものが多いことがわかった。それゆえに、中小企業政策の課題として、国とは異なる自治体独自の中小企業政策を積極的に講じて、推進しているところは少ないといえるのである。

2−2−4　大阪市の中小企業支援の特徴

　大阪市は戦前より、金融支援、経営支援、技術支援、国際化支援などの基礎的な中小企業支援を独自に整備して、全国の中小企業政策をリードしてきた（本多, 2012）。ここでは、大阪市の中小企業支援について、どのような支援が行われているのか、そうした支援にいかなる特徴があるのかについて概観する。次に、個別企業に対する支援政策の実施状況についてみていく[10]。

　大阪市の経済局の活動の評価、そして今後の課題を明らかにするために、2006 年に「経済局事業分析報告書」が出された。報告書には、支援メニューの一覧があり、施策の利用者のタイプ別に、①創業希望者・創業期の事業者に対する支援、②既存企業の競争力の支援、③地域産業の振興、④重点産業分野の支援の 4 つに分類がなされている。支援メニューは、各種相談・コンサルティング、セミナー、融資、助成、マッチング、ネットワーク形成、展示会・イベント開催、研究・分析、インターンシップなど、広範囲にわたっている。同報告書には、支援対象の企業規模別と産業別の施策分類がある。施策の体系は、先の 4 つの分類である。ただ、少し異なるのは、②既存企業の競争力の支援が「経営革新支援」、「資金支援」、「国際ビジネス支援」に分かれていて、③地域産業の振興が、「商業等への支援」となっている。企業規模別では、すべての施策分野で「中小企業」が対象になっている。

　こうしたことから、多岐にわたる施策が大阪市の商工部局レベルにおいて存在し、情報・ビジネス機会の入手、人材の育成、資金調達、宣伝などの企業の

---

[10] 大阪市の中小企業支援と特徴および個別企業への支援政策の実施状況については、本多（2013）に負う。

活動に対する支援がなされていることがわかる。企業規模別の施策対象では、中心は中小企業であって、自治体の商工部局が中小企業支援政策を担っていることがわかるのである。

2-2-5 大阪市の個別企業支援の実施状況

本多 (2013) は、1985 年から 2008 年までの個別企業に対する金融支援、経営支援、技術支援の実施状況について調べている。金融支援に関しては、中小企業の資金繰りを担っているセーフティーネットとして機能しており、利用件数も 2 万件前後で推移している。経営支援、技術支援については、支援の件数は増加してきている。こうした状況を踏まえた上で、特徴を 2 点挙げている (本多, 2013)。

第一に、個別企業支援に量的な変化のみならず、質的な変化もある点である。現場のニーズに応じて支援が強化されている傾向が、経営支援と技術支援においてみられる。こうしたことは、中小企業のそれぞれの状況に合わせた新しい取り組みを促進させる。既述したように、63 年基本法から 99 年基本法への転換の特徴の 1 つは、中小企業のイノベーションを重視している点である。つまり、中小企業のそれぞれの状況に合わせた新しい取り組みを促進させることは、中小企業のイノベーションに対する支援を強力に進めていく姿勢と捉えられる。63 年基本法下の政策においては、行政側から中小企業のあるべき方向性が示されていた。しかし、99 年基本法への改正後、大阪市で重視しているイノベーション支援は、中小企業がおかれる状況に応じて創意工夫を促すための支援として実施されており、さらにこうした支援は、中小企業のハード面の支援ではなくて、ノウハウ、技術などソフト面での支援が中心になっているとし、注意すべきはこの大阪市の政策実施体制は、多種多様な中小企業の新たな取り組み（イノベーション）支援を基本としていることである（本多, 2013）。こうしたことから、本多 (2013) は、成長する企業に集中的に投資するという選別型の支援体制というより、あらゆる企業を支援しようとする全方位型支援体制という性格が強いことに特徴があるとしている。

　第二に、大阪市においては既存の支援機関の現場強化と、そのための民営化、民間人材の活用といった組織体制の変革から、イノベーション支援を広げている点である。大阪市の個別企業支援はほぼ、外郭団体が担っている。金融支援は信用保証協会、経営支援の拠点機関である大阪産業創造館を運営する財団法人大阪市都市型産業センターは、大阪市が設立した外郭団体である。技術支援を担う大阪市立工業研究所は、もともと大阪市の直轄組織であった。それが、2008 年に独立行政法人化された。とりわけ大阪産業創造館にみられるように、外郭団体においては民間人材を積極的に活用しており、支援メニューの企画そして実施まで担っている。

2-3 ┃ 中小企業政策の効果に関する研究

　ここまで、国および自治体による中小企業政策についての先行研究の調査（レビュー）を行ってきた。自治体の中小企業政策では、本研究の対象である中小企業のイノベーション（新規事業）促進政策を所管、運営する大阪市の中小企業政策もみてきた。ここからは、中小企業政策の効果に特に絞って先行研究レビューを行っていく。まずは、中小企業政策と中小企業政策の効果とを意図的に分けて論じることについての説明からはじめたい。

2-3-1　中小企業支援政策の効果の研究に焦点を絞る理由

　これまで中小企業政策の先行研究レビューを行ってきたのに、なぜ、さらに中小企業支援政策の効果の研究に焦点を絞って先行研究をレビューするのか、との指摘があるかもしれない。ここで理由を一言でいえば、本研究は中小企業政策の研究ではなく、中小企業政策の効果についての研究だからである。これでは、煙に巻いたようでわかりにくいので、さらに説明を加えたい。

　本研究は、中小企業のイノベーション（新規事業）を促進するという観点から、自治体による中小企業イノベーション促進政策の効果に焦点を当てている。本研究が中小企業政策を対象とするため、中小企業論の一分野である中小

企業政策研究という理論的位置づけになるのではないか、との指摘が当然あるだろう。本研究が中小企業政策論とは異なることを示すため、再び、これまでの中小企業政策の研究の中身について簡単に触れたい。

第一に、中小企業政策の研究は、国の中小企業政策全般の歴史的な変遷を中心に論じられてきた（中村, 1965；大沢, 1970；牟礼, 1982；黒瀬, 1997, 2006；清成, 2009）。

第二に、2000年代に入り、自治体の中小企業政策についての研究が増えている。例えば、東京都の墨田区や大田区、大阪府の東大阪市や八尾市の商工部局の取り組みから、経済団体との連携を取り上げた研究がある（桑原, 2000）。八尾市による中小企業地域経済振興基本条例の制定、中小企業サポートセンター設置などの事例から、自治体レベルの中小企業政策の重要性を指摘している（植田, 2005）。また、自治体の産業振興および中小企業支援の課題の研究（松永, 2007；川名, 2012）、大阪市の中小企業施策についてのアンケート調査およびインタビュー調査から、施策利用企業の特徴や実態を明らかにしている研究（本多, 2013）、同じく大阪市の中小企業政策に対する行財政分析の研究などがある（本多, 2012）。

以上のように、これまでの中小企業政策の先行研究においては、国の中小企業政策の歴史的変遷や国や自治体の中小企業政策の現状と課題を中心テーマにして論じられていることがわかる。それゆえに、本研究で着目する中小企業政策の効果についての研究は、これまでの中小企業政策の研究分野では、先行研究がほとんどないに等しいため、その文脈には位置づけられないことになる。よって、改めて、「中小企業政策の効果の研究」という節を設けて、論じる次第である。

2－3－2　国内における中小企業支援政策の効果の研究

国の中小企業支援政策の本格的な展開は、1948年の中小企業庁設立にはじまる。1963年に制定された中小企業基本法は、1999年に改正された。改正前では、大企業と中小企業との生産面での格差縮小を目指す「二重構造論」を背

景に中小企業を弱者と位置づけた政策であった（大林, 1996）。ベンチャー企業
への政策は、新規性や成長の可能性がみられる新興の企業への支援政策とし
て、1990 年代の中ごろから行われている。現状では、地方自治体の中小企業
政策は、自治体間で依然として内容の似ているものが多数で、自治体独自の中
小企業への支援政策を講じているところは少ない（植田ほか, 2014）。

　この植田ほか（2014）の指摘について、「中小企業白書　2014 年版」（p.451）
の市区町村の中小企業施策の実施状況および支援制度の内訳にあたってみた。
支援制度の内訳は、「融資・リース・保証」、「補助金・税制・出資」、「情報提供・
相談業務」、「セミナー・研修・イベント」の 4 項目である。「自治体による独
自の中小企業支援政策は少ない」という指摘（植田ほか, 2014）と同じく、中
小企業白書（2014）においても、「市区町村では、それぞれの支援分野につい
ていずれの支援制度も有していない自治体が多いことが分かる。有している支
援制度の内訳を見ても、「情報提供・相談業務」が中心となっているなど、中
小企業・小規模事業者の支援を行うに当たり、十分な支援制度がそろっている
とはいえないのが現状である（p.450）」との記述がある。したがって、中小企
業白書でも、植田ほか（2014）と同様に、独自の中小企業支援政策は少ないと
いう指摘がなされていることを確認できた。

　名取（2017）は、自治体による中小企業の新事業支援政策は多いが、そのほ
とんどは、技術開発に対する補助金にとどまる、と指摘した。鹿住（2000）、
江島（2006）も指摘するように、中小企業への公的な支援政策は補助金や税制
優遇措置などハード支援が中心であり、戦略的な経営ノウハウの提供などのよ
うな知識資源の外部からの支援は少ない。

　こうした指摘に対して、再び「中小企業白書　2014 年版」（p.451）で確認を
試みた。「市区町村の中小企業施策の実施状況」をみると、871 の市区町村自
治体で本研究が注目する新しい事業活動への支援制度を有している自治体の割
合は、56.4％である。その自治体の支援制度の内訳は既にみたように、「融資・
リース・保証」、「補助金・税制・出資」、「情報提供・相談業務」、「セミナー・
研修・イベント」の 4 項目であり、本研究が着目する新たな事業活動に対する

支援としては、4項目の中の「補助金・税制・出資」の割合が59.5％と最も高いことがわかった。それゆえに、名取（2017）や鹿住（2000）、江島（2006）の先行研究での主張は、中小企業白書の数字からも裏付けられた。

　以上から、第一に、中小企業支援政策は、いまだ研究・技術開発に対する補助金という直接（ハード）の支援が中心であること、第二に、自治体の中小企業に対する独自の支援政策は少ないということ、がわかる。

　これまで、日本の公的機関による中小・ベンチャー企業への外部支援に関する研究は少ない。名取（2015）は、自治体の中小企業政策に関する研究は少なくはないが、中小企業支援政策に関する効果や課題について理論的に解明したものは極めて乏しいと指摘する。こうした中で、国内における中小企業支援政策の効果については、石井（2011）、岡室・西村（2012）などの研究があるが、これらの研究は、国による中小企業支援政策を対象としており、本研究のような自治体による中小企業支援政策を対象とはしていない。

　中小企業政策とその評価については、本多（2016）による研究がある。大阪市のビジネスマッチング支援の事例研究から、販路開拓、外注先確保という直接的効果に加えて、情報、刺激、学習、気づきという間接的効果があること明らかにした。また近藤（2016）も、承認制度による支援措置の間接的効果を指摘し、地方自治体の関係団体や商工会等の担う支援事業との連携がより効果的であることを示した。しかし、間接的効果の研究では、理論的概念やフレームワークを用いた分析はなされていない。

　中小企業支援政策の効果の先行研究として、名取（2015, 2017）の研究がある。本研究と同じ大阪トップランナー育成事業という中小企業政策の効果を、Jensen *et al.*（2007）のイノベーション形態の STI モードと DUI モード[11] の

---

[11] Jensen *et al.*（2007）は、イノベーションを生み出す形態を STI（Science Technology and Innovation）モードと DUI（Doing Using and Interacting）モードの2つに分類した。STI モードとは、科学と技術を主体とする形式知化された知識を使って、社内開発するイノベーションであり、技術プッシュ論といえる。他方、DUI モードとは、顧客との協力や仕入先との交流などによる問題解決型の経験や学習により得られる暗黙知的な知識を使ったイノベーションであり、ニーズプル論といえる。

分類に従い、大阪トップランナー育成事業によるイノベーション促進支援の効果について検証した。その結果、STI モードの R ＆ D 対売上高比、大学・研究所との連携、研究開発担当比率のいずれも TR 事業の支援による効果は確認できなかった。DUI モードの横断的組織、自律的グループ、統合的機能で TR 事業の支援による効果が確認できたものの、品質改善グループ、提案収集制度、緩い権限関係、顧客との協力関係ではその効果は確認できなかった。こうした検証結果から、2 つのモードを用いた測定では、必ずしも効果の抽出がうまくできなかったと指摘できる。

2－3－3　海外における中小企業支援政策の効果の研究

　欧米では公的機関による中小・ベンチャー企業に対する外部支援については、先述したように例えば行政が民間の人材を活用して支援する英国の「Business Link」の研究や米国の「SBIR（Small Business Innovation Research）」の研究など多くの研究蓄積がある。ゆえに、ここでは海外の先行研究を中心に整理する[12]。

　公的機関による中小・ベンチャー企業に対する外部支援の効果についての海外の先行研究レビューから、次の 5 点がわかった。

　1 つめに、中小企業支援政策の効果についての研究では、補助金などの直接支援である資金的資源の提供に関するものが多いことである（Storey and Tether, 1998; Kaufmann and Tödtling, 2002; Keizer et al., 2002; Hsu et al., 2009; Meuleman and Maeseneire, 2012）[13]。Storey and Tether（1998）は、1980 年代から 1990 年代初頭にかけて、NTBF（New Technology-Based Firms）を支援するために EU 諸国で実施された公共政策測定についてレビューしている。各国政府から NTBF への直接財政支援と技術アドバイザリー

---

[12] 本研究における中小企業支援政策の効果についての海外の先行研究の選択においては、引用数が多い論文という視点だけにとどまらず、加えて、世界のさまざまな国の中小企業支援政策の研究という視点も基準に選択している。
[13] 資金的資源の直接支援についての他の先行研究は、表 4 参照のこと。

サービスの NTBF への影響などを明らかにしている。Kaufmann and Tödtling（2002）は、直接金融支援は研究開発に集中し、イノベーションの商品化を無視することがあることを指摘した。Keizer *et al.*（2002）は、いかなる要因が中小企業の革新的取組みを強化するかを決定する研究を行った。その結果、そうした要因として、イノベーション補助金の使用、ナレッジセンターとの連携、および研究開発投資の売上比であることを指摘した。Hsu *et al.*（2009）は、補助金の受領企業の研究開発（R&D）行動における戦略的変化に対する政府補助金の追加性について探求した。結果として、政府が被支援企業の行動を指導するために、支援プログラムに対する評価基準を慎重に開発しなければならないことを示した。Meuleman and Maeseneire（2012）は、研究開発助成金を得ることは、中小企業の質に正の影響をもたらすことを発見した。

　２つめに、中小企業支援政策の効果についての研究では、非資金的資源の提供に関する研究が少なく、不十分であるということである（Larsson *et al.*, 2003; Lagacé and Bourgault, 2003; Lambrecht and Pirnay, 2005）[14]。Larsson *et al.*（2003）は、地域中小企業と外部の専門家アドバイザーとの関わりの欠如が、その中小企業の地域での拡張の障害になり、結果として地域の経済成長の障害となることを示した。Lagacé and Bourgault（2003）は、信頼性が高く、継続的に改善される製造プロセスを維持するための小規模製造企業の能力は、長期的な持続可能性を確保するための重要な条件であるとし、政府は、世界レベルの製造慣行の採用を支援することによって、この課題への取り組みを支援することを非常に積極的に行っていることを明らかにしている。Lambrecht and Pirnay（2005）は、ベルギーのワロン地域の中小企業に対する民間の外部コンサルタントについての公的支援の評価を試みている。中小企業に対して、助成を受けた民間外部コンサルタントは、中小企業がコンサルタントの正の質的な影響について言及している点で、ワロン地域では有効である。ただし、民間外部コンサルタントによって、純雇用創出、離職率、財務指標に対しては大

---

[14]　非資金的資源の間接支援についての他の先行研究は、表４参照のこと。

きな影響はないことが明らかになった。

　3 つめに、資金的資源の直接支援とともに非資金的資源の間接支援も重視している支援があることである。英国の Business Link（BL）では、交付金の提供とともに一般ビジネス情報、販売・市場アドバイス、技術アドバイスなどの支援も行っている（Mole *et al.*, 2008）。また、補助金提供だけではなく、商業化アドバイス・特許アドバイスを提供している支援もある（Meyer, 2005）。米国の「SBIR（Small Business Innovation Research）」では、若い研究者が採択されれば、第一段階で賞金がもらえる。そして、技術が実現可能と評価されれば、第二段階に進み、さらに賞金がもらえる。さらに実用化に成功すれば、第三段階として、政府による製品調達とともにベンチャーキャピタルの紹介を受けられる（Lerner, 1999; Audretsch, 2003）。このように、補助金の提供だけではなく、ベンチャーキャピタルの紹介（結果として、資金調達先として資金的資源を得るわけではあるが）、すなわち、資金調達に直結する外部ネットワークという非資金的資源も支援している。Lerner（1999）は、SBIR のプログラム受賞者は、10 年間で他社と比較して大幅に成長が早く、ベンチャー資金を獲得する可能性が高いことを示した。また、受賞者の優れた業績は、かなりのベンチャーキャピタル活動を行っている地域の企業と一致しており、とりわけハイテク産業で顕著であることを示した。

　4 つめに、「市場志向」という指標を用いての非資金的資源の支援についての効果の検証はほとんどないことである（表 4）。

　5 つめに、「情報的資源」という指標を用いての非資金的資源の支援の効果の検証は極めて少ないことである（表 4）。

　これまで論じてきた中小企業政策の効果についての先行研究レビューをまとめたものが表 4 である。項目について確認できた場合には○を、項目についての要素の一部がみられる場合には△を付した。

表4　中小企業支援政策の効果についての海外における先行研究

	対象国	資金的資源の直接支援	非資金的資源の間接支援	市場志向	情報的資源
Chrisman *et al.* (1987)	米国		○（経営支援コンサルティング）	△	△
Storey and Tether（1998）	EU	○	○（技術アドバイス）		
Lerner（1999）	米国 ※SBIR	○（賞金）	○（政府調達、民間ベンチャーキャピタル紹介）	△	△
Abdullah（1999）	マレーシア	○	○（普及アドバイス、技術的訓練、市場調査、インフラ設備）	△	△
Bennett *et al.* (2001)	英国 ※BL	○	○（一般ビジネス情報、販売・市場アドバイス、金融・会計アドバイス、イノベーション・技術アドバイス、訓練担当者の提供、投資家紹介）	△	△
Feldman（2001）	米国 ※SBIR	○（賞金）	○（政府調達、民間ベンチャーキャピタル紹介）	△	△
Audretsch *et al.* (2001)	米国 ※SBIR	○（賞金）	○（政府調達、民間ベンチャーキャピタル紹介）	△	△
Keizer *et al.* (2002)	オランダ	○			
Kaufmann and Tödtling（2002）	オーストリア	○			
Crepon and Duguet（2003）	フランス	○			
Lagacé and Bourgault（2003）	カナダ		○（製造改善プログラム）		△
Audretsch (2003)	米国 ※SBIR	○（賞金）	○（政府調達、民間ベンチャーキャピタル紹介）	△	△
Larsson *et al.* (2003)	スウェーデン		○（専門アドバイス）		△
Tae and So (2005)	韓国	○			
Meyer（2005）	フィンランド	○	○（商業化アドバイス・特許アドバイス）	△	
Lambrecht and Pirnay（2005）	ベルギー		○（民間外部コンサルティング）		△

Kye（2006）	韓国	○	○（制度的支援・技術支援）		△
Kaivanto and Stoneman（2007）	欧州	○			
Bennett（2007）	英国 ※ BL	○	○（一般ビジネス情報、販売・市場アドバイス、金融・会計アドバイス、イノベーション・技術アドバイス、訓練担当者の提供、投資家紹介）	△	△
Lewis *et al.*（2007）	ニュージーランド		○（経営支援）		
Mole *et al.*（2008）	英国 ※ BL	○	○（一般ビジネス情報、販売・市場アドバイス、金融・会計アドバイス、イノベーション・技術アドバイス、訓練担当者の提供、投資家紹介）	△	△
Hsu *et al.*（2009）	台湾	○（対 R&D）			
Meuleman and Maeseneire（2012）	ベルギー	○（対 R&D）			
Kang and Park（2012）	韓国	○（対 R&D）			
Aykana *et al.*（2013）	トルコ		○（訓練、コンサルティング支援、技術指導）		△
Rakićević *et al.*（2013）	セルビア	○			
Hartšenko and Sauga（2013）	エストニア	○	○（ビジネス知識・スキル、輸出支援）		△
Enjolras *et al.*（2015）	フランス		○（IP 意識向上、アドバイス）		
Park and Yoo（2017）	韓国	○			
Jun *et al.*（2017）	韓国		○（R&D 計画支援）		△
Xiang and Worthington（2017）	オーストラリア	○			
Peter *et al.*（2018）	ナイジェリア	○			

ここで、海外の中小企業支援政策の効果の先行研究レビューを終えるに際し、本研究の前提条件について述べておきたい。ここでみてきたような欧米における中小企業への外部支援に関する研究においては、依拠する理論体系を資源ベース論[15]（Resource-based View of the Firm）とする場合が多い。その理由は、中小・ベンチャー企業が新規事業にのり出すとき、市場・顧客・技術・サプライヤなど多岐にわたる情報を必要とするが、こうした情報を企業が獲得、吸収して新事業戦略策定へとつなげる能力は、資源ベース論が主張するところの典型的な内部資源とみなせるからである。Mole *et al.*（2009）は、中小企業の成長などパフォーマンスに及ぼすアドバイスの影響を理解するために、資源ベース論が多くの研究（Bennett and Robson, 2003; Chrisman and McMullan, 2004）で採用されていると指摘した。Bennett and Robson（2003）は、個々の中小企業の事業レベルでは、資源ベース論が利用可能な主な理論的アプローチであると述べている。

　以上の欧米における研究にしたがい、本研究では資源ベース論の視点から自治体による中小企業イノベーション促進政策が、中小企業における知識を醸成する効果があるとの前提をおく。

2-4 ┃ 市場志向

　市場志向は、企業の成長、存続のために、顧客の声に応え、競合他社の動きに目を配り、組織として対応していくことを指す概念である。岩下ほか（2014）によれば、「市場志向」という用語を学術専門誌において初めて用いたのはLear（1963）である。この Lear（1963）の研究では、組織が製品志向もしくは市場志向をもつことで、商品を売る方法やセールス・パーソンの販売戦略が

---

[15] 「企業とは資源の集合体であり、高い業績を生み出すのは、他社にはない模倣困難な優れた資源を持つからだ」というのが資源ベース論の基本的な考え方である（Wernerfelt, 1984; Barney, 1986）。この立場に基づけば、優れた資源を集めた企業が、収益を生み出すのである（Teece, 1982; Wernerfelt, 1984; Conner, 1991）。

どのようなことになるのかを議論している。市場志向をテーマにした研究は、1990 年から 2011 年までで 1,000 本以上の論文が発表され、近年ではマーケティングに留まらず、他分野にも浸透して幅広い領域でマーケティング志向を表す概念として利用されている（岩下，2012b）。2011 年までに 1,000 本近い論文があるが、岩下ほか（2014）は、この約 1,000 本から、大別して 3 つの潮流を抽出している。

　第一に、市場志向がダイレクトに影響を及ぼす成果変数を明らかにした研究である。Narver and Slater（1990）では、市場志向が事業成果に加えて、団結心に対してもプラスに影響することを確認している。Mavondo and Farrell（2013）の研究では、成果変数に財務成果を取り入れている。市場志向が、商品開発の文脈で及ぼす要因の研究も多くある。市場志向が、新商品パフォーマンスに及ぼす影響についての研究（Atuahene-Gima, 1995）、市場志向が商品タイプ（新商品、模倣品、ライン拡張品）に与える影響の研究（Lukas and Ferrell, 2000）、そして市場志向が新商品開発の以前の活動であるアイデア・ジェネレーションなどにどのように影響するかの研究などがある。

　第二に、市場志向と並列関係にあるような代替的志向性を対象とし、志向性間の関係、そうした志向性が成果変数に及ぼす影響を分析した研究である。代替的志向には、製品志向（Voss and Voss, 2000）、販売志向（Keith, 1960）、技術志向（Zhu *et al.*, 2005）、アントレプレナー志向（Lumpkin and Dess, 1996）、イノベーション志向（Berthon *et al.*, 1999）、ブランド志向（Reid *et al.*, 2005）などが挙げられる。

　第三に、組織内における市場志向の普及過程を明らかにする研究である。組織のマネジメント層が市場志向をいかに強調しても、その理念が組織に浸透しないとこには意味はない。例えば、Tregear（2003）は、どういう行動が従業員の市場志向意識を高めるのかを研究をした。また、Gebhardt *et al.*（2006）は組織が市場志向をいかにして形成するかを研究している。

　日本における市場志向の研究は、川上（2005）に端を発するとされ、体系的な市場志向のレビューを行い、実証研究に取り組んだ（岩下ほか, 2014）。また

水越（2006）は、東証一部・二部上場企業の事業部門のマネジャーを対象に調査を行った。回帰分析の結果、市場志向が営業利益の伸び率、新製品の売上割合、新商品の成功割合にプラスに影響することを確認した。石田ほか（2007）では、日本の機械、電気機器、精密機器のプロジェクト・マネジャーと新商品開発チーム・リーダーを対象とし、米国の研究成果とは異なり、職能横断的統合が新商品の新奇性と意味性、マーケティング・プログラムの新奇性と意味性にプラスに影響することを示した。

　また、髙田（2014（渡辺直樹編著, 2014））では、製造業者からのデータをもとに、実証分析をした結果、複雑な顧客知識と複雑な競合他社知識は、知識創造メカニズムを介して統合され、創造的な新製品が開発・販売される可能性を高めることを示した。そうして開発・販売された創造的な新製品のうち、有用な新製品は優れた成果を得る可能性が高いことが示唆された。

　「市場志向」という言葉は、1960年前後にマーケティング・コンセプトやマーケティング志向と同じような意味を持つものとして登場した（岩下ほか, 2014）。マーケティング・コンセプトに関する研究では、例えばFelton（1959）はマーケティングを経営理念の中心に位置づけることを提唱し、それに類する論文が多数発表されている。市場志向は多くの研究者の注目を集め、複数領域で研究の蓄積が進んでいる。その源流については、Drucker（1954）が提唱したマーケティング・コンセプトであるとの指摘も少なくない（Deshpandè *et al.*, 1993; Day, 1994）。

　他方、マーケティング志向を扱う研究では、「企業組織はどのような志向性をとればいいのか」という視点からの研究が進んだ。例えば、時代の遷り変りとともに、組織の志向性が製品志向から販売志向へと、そして販売志向からマーケティング志向へと変化していると論じた研究がある（Keith, 1960）。

　市場志向がマーケティングの研究領域において、鍵となる概念として急速に普及していくのは、その後の1980年代末から1990年代にかけてである。

2－4－1　市場志向とは

「あの組織は市場志向である」、「この企業は市場志向的な組織である」といったとき、いったいそれはどのような事態や内容を指しているのだろうか。顧客の声に耳を傾ける組織を指すのか、競合他社の動向に注意を払う組織を指すのか、または市場と最前線で関わる役割を担当するマーケティング部門を中心とするような組織を指すのか、とさまざまな解釈が考えられる。

　市場志向の定義については「主要な概念」でも述べたが、重要な概念であるため再度述べる。市場志向の定義には、大別すると 2 つの視点からのものがある。1 つめは、Narver and Slater（1990）による組織の文化的視点からの定義と、2 つめに、Kohli and Jaworski（1990）による行動的視点からの定義とがある。

　市場志向の研究の系譜を整理するうえで重要なのは、視点の違いによる定義という点ではなく、異なる視点に基づくにも関わらず、操作的定義上では、双方とも共通の行動を市場志向の構成要素としている点である（猪口, 2012）。具体的に示せば、市場情報の収集、市場情報の組織内での共有、職能部門を越えての組織全体での対応、これらを市場志向の構成概念として捉えている点で共通しているのである。そうした行動がみられる組織を「市場志向が高い」と捉えているのである。

　共通点は確認したが、1990 年に *Journal of Marketing* 誌において、Narver and Slater と Kohli and Jaworski の両陣営から提唱された市場志向には違いもある。ここでは、2 つの研究でそれぞれ提唱された市場志向の概念の違いをみていく。

2－4－2　文化的視点からの市場志向

　市場志向を組織の文化的視点から捉えて定義したのは、Narver and Slater（1990）である。Narver and Slater は、市場志向とは組織文化[16]であるとし、その文化によって、顧客にとって優れた価値を創造するために必要となる行動が生み出されていく、という立場である。

Narver and Slater は、市場志向の根本にある理論的背景として組織文化 (Bonoma, 1984) をベースにしている (Bonoma, 1984)[17]。Webster (1988) によれば、Narver and Slater は、企業組織の持続的な競争優位のためには顧客に対して優れた価値を生み出す必要があり、この価値創造の源泉こそが市場志向という組織文化であるとしている。また、市場志向という組織文化が競合他社に模倣されない持続的競争優位につながるという (Porter, 1985; Aaker, 1989)。

　Narver and Slater は、市場志向の構成要素である顧客志向、競合他社志向、部門間調整という 3 つの志向性をそれぞれ異なる理論的背景から論じている。

　1 つめの顧客志向については、資源依存モデル (Pfeffer and Salancik, 1978) を援用している。政府、供給業者、そして競合他社というのはそれぞれ独立している。そうした中で、経済活動を行うためには、自社がもたない資源を得ようと他社への依存を高めるので、相互依存関係を維持することが必要となる。企業は、相手となる他社と資源の交換をすることで、結果として利益をあげられる。そして、この資源の交換を行う主な企業は、供給業者や顧客といった一連のステークホルダーとなる。ゆえに、自社の製品を販売する顧客に対しても、資源の交換を行うために、目を向けることが肝要となる。

---

[16] 組織文化の定義には 2 種類ある。1 つは、目にすることが可能な行動様式や文化的所産に着目した定義と、2 つめは、行動や所産の背後にある観点に着目した定義である。組織文化の研究では、後者の立場が優位である（加護野, 1997）。後者の立場の定義を簡潔にいえば、組織文化とは、「組織の成員に共有された行動パターン、価値、信念、規範のセット」となる（Verbeke *et al.*, 1998）。このように経営学者たちが目指したのは、組織文化の背後にあると考えられる本質の追究であった。彼らの考える本質とは何か。それは、組織文化の成立に不可欠な要因の探求を意味する。組織文化の本質的な要素は、共有された知識・信念の体系であるとみなし、その研究へと向かっていった。結果として、この研究は「パラダイムとしての組織」という枠組みに結実する。パラダイムは、変化を説明するために用いられる。よって、パラダイムとしての組織という観点は、組織の成員に共有された知識・信念の体系を分析する道具立てとして取り入れられた後に、次に共有された知識・信念の体系の進化という変化の過程の分析へと使われた。こうして企業が革新を遂げていくモデル化に応用された（加護野, 1988）。

[17] 理論的背景の説明は、岩下 (2012b) に負う。

　2 つめの競合他社志向に関しては、Narver and Slater は、Porter（1985）の
競争優位性を挙げている。Narver and Slater は、組織が持続的な競争優位を
維持するためには、顧客に優れた価値を絶え間なく生み出していく必要があ
り、この価値創造の源が市場志向という組織文化であるとし、市場志向という
組織文化こそが競合他社に模倣されない競争優位性になるとした。

　3 つめの部門間調整は、部門間の活発なコミュニケーションを表す。そこで
は、社会システム論を挙げている。ある組織は、部門外の組織から情報を獲得
しながら、それと同時に外部に対して情報を提供することにより、部門同士の
相互作用を生み出す。

2－4－3　文化的視点からの市場志向概念による研究

　Narver and Slater による市場志向の概念を用いた研究には、2 点の特徴が
ある（岩下, 2012b）。

　1 点目に、市場志向という持続的競争優位につながる組織の志向性が、成果
要因にどのような影響があるのか、もしくは市場志向と成果要因の周辺のモデ
レータ環境は、どのような影響を与えるのかといったメカニズムの解明であ
る。成果要因として、収益性や市場シェアなどの企業成果（Mavondo and
Farrel, 2003）、製品のパフォーマンス（Lukas and Ferrel, 2000）、新製品の成
功（Atuahene-Gima, 1995）、または、従業員の職務満足（Siguaw *et al.*,
1998）、自社と他社との関わり合いを表すコミットメントの研究（Jones *et al.*,
2003）などが行われてきたリレーションシップ・マーケティング[18] の領域に
至るまで、さまざまな成果要因についての研究がある。市場志向と成果要因の

---

[18]　リレーションシップ・マーケティングとは、顧客との長期的、継続的信頼関係を重視する
　　ものである。すなわち、企業と消費者が継続的で双方向のコミュニケーションを図って、
　　その中で新しいアイデアを生み出すものである。特定顧客の生涯を通じた価値に着目し、
　　それを重視して顧客価値を高める戦略である（鷲尾, 2009）。リレーションシップ・マーケ
　　ティングの定義として久保田（2012）は、顧客との間にリレーションシップ（関係性）と
　　呼ばれる友好的で、持続的かつ安定的な関係を構築することで、長期的にみて好ましい効
　　果を実現しようとする売り手の活動である、としている。

周辺のメカニズムを扱った研究は、媒介要因かモデレータ要因かで分類される。媒介要因を扱った研究では、創造性（Im and Workman, 2004）、サービス・クオリティ（Chan and Chen, 1998）がある。モデレータ要因を扱った研究では、市場や技術のタービュランス（Slater and Narver, 1994）、リーダーのカリスマ性（Zhou et al., 2005）、製品ライフサイクル（Atuahene-Gima, 1995）などのモデレータ要因の研究がある。

2点目に、市場志向をマーケティングの代表的な志向性とし、他の志向性とのメカニズムについての解明である。Gatignon and Xuereb（1997）が指摘するように、組織においては実際、マーケティング志向をもつだけではなくて、売上を重視したり、製品を重んじたりとそれらが混ざり合って組織の志向性がつくられている。それゆえに、さまざまな志向性の研究が行われている。代替的志向性（Alternative Orientation）として、例えば、短期的な売上を最大化する販売志向[19]（Lamb et al., 2012; Noble et al., 2002）、自社製品を売り込む態度である製品志向（Fayed, 1973）、研究開発に対して積極的投資を行う技術志向（Gatignon and Xuereb, 1997）、イノベーションをいかに生み出せるかを検討するイノベーション志向（Berthon et al., 1999）、ブランド重視のブランド志向（Reid et al., 2005）などがある。

2−4−4　行動的視点からの市場志向

市場志向を行動的視点から捉えて定義したのは、Kohli and Jaworski（1990）である。Kohli and Jaworski は、市場志向がいかなる行動として捉えられるかを、先行研究やインタビュー調査を通じて明らかにしようとした。結果として、市場志向とは「現在もしくは将来の顧客ニーズに関する市場情報[20]の組織全

---

[19] 「販売志向」という用語が登場したのは、Keith（1960）の研究からである。

[20] 「市場情報」という用語は、"market intelligence" の訳語である。Kohli and Jaworski（1990）は、market intelligence とは、顧客により表出されたニーズのみならず、顧客ニーズに影響を与える要因、および顧客の現在と将来の両側面のニーズも考慮して獲得される情報であると強調している。

体での生成、その部門を越えた普及、その市場情報への組織全体での反応」
(1990, p.6) と定義した。すなわち、現在の顧客によって表出されたニーズ、
将来のニーズ、さらにこうしたニーズに影響を与えるであろう要因も考慮した
うえで、市場情報を生み出し、それを部門を越えて普及させていき、組織全体
で反応していくという一連の行動がみられる組織が、市場志向の組織であると
いう。Kohli and Jaworski は、市場志向の根本にある理論的背景を経済学や社
会学からの 3 つの知見をベースにしている [21]。

　第一に、競争合理性（competitive-rationality）を挙げている（Dickson,
1992)。市場でシェアを獲得して、収益につなげたい企業は、顧客を効率的に
見つけるための新しい方法を見出そうとする。こうした場合、定式化された方
法では意味がなく、学習したことの改善が求められる。こうした能力をもつ企
業は、何よりも顧客に関心をもつ（Webster, 1988)。そのため、どこよりも早
く、顧客選好の変化に対応するために、競争優位を築くことができる。

　第二に、社会システム理論が挙げられる。複数の存在物から成る社会システ
ムにおいては、特定の環境から新しい情報を得て、組織に労働の専門化と分化
を進めることで、相互依存関係が生じると考えられている。この社会システム
理論から、マーケティング部門と他の部門との相互作用が生まれることが根拠
づけられている。

　第三に、コントロール概念を挙げ、マーケティング活動に従事する人をいか
にしてコントロールするべきかについても着目している。これまで、従業員を
コントロールするうえでの限界として、成果ばかりに目が向けられ、環境要因
には注目が注がれない点がある。これを克服するために、Jaworski (1988) は、
社会学や組織論のレビューを行い、従業員をコントロールする際のフレーム
ワークを提示した。

　これらをみると、Kohli and Jaworski においては、市場を捉えるのに、消費
者、競合他社、従業員といった他者との関わりをベースにしていることがわか

---

[21] 理論的背景の説明は、岩下（2012b）に負う。

る（岩下, 2012b）。Kohli and Jaworskiは、以上でみてきた３つの知見をもとに、顧客ニーズのような市場情報や競合他社についての情報を重視して、これらの情報を組織で生成して、組織全体にまで普及させ、組織全体で反応していくということを市場志向の構成要素としたのである。

2−4−5　行動的視点からの市場志向概念による研究

Kohli and Jaworski にとって、組織においていかにして市場情報が伝わり、結果としてマーケティング志向型の組織が形成されるかということが研究の焦点である。Kohli and Jaworski の尺度を用いた研究では、Matsuno *et al.* (2000) は、４つの戦略分類軸（Miles and Snow, 1998）を用いて、どの戦略の時に市場志向が最大のパフォーマンスを高めるのかについて、米国製造業を対象にして調査を行った。つづけて、Matsuno *et al.*, (2002) は、起業家の性向と市場志向の関係について、同じ米国製造業を対象にして調査を行った。Baker and Sinkula (2002) は、組織学習の概念（Argyris and Shon, 1976）を用いて、学習志向（learning orientation）尺度を開発して、学習志向と市場志向のメカニズムの研究を行っている。Sinkula *et al.* (1997) は、組織価値の要素として学習志向、市場情報プロセス行動の要素として、Kohli and Jaworski の市場志向概念の構成要素である、組織における「市場情報の生成」と「市場情報の普及」を用いた研究を行った。American Marketing Association のメンバーである企業 125 社を対象にして調査を行い、学習志向が市場情報の生成と普及にともにプラスに作用することを確認した。

2−4−6　市場志向の統一化

これまでの市場志向の研究では、Narver and Slater、もしくは Kohli and Jaworski のどちらの尺度を用いるかについて、研究者たちは悩み続けてきた。こうした課題に対して、いくつかの研究が市場志向の統一化を試みている。Deshpandè and Farley (1996, 1998) の研究において、Kohli *et al.* (1993)、Narver and Slater (1990)、Deshpandè *et al.* (1993) の市場志向のこれら３つ

の尺度を取り上げて、「MORTN」という尺度を提案している。しかし、この統一尺度は以降の研究では、論文において1本も引用されていない（岩下, 2012b）。

2-4-7　市場志向の定義の変遷

　市場志向の定義については、既に述べたが、ここでは先行研究から定義の変遷を確認しておきたい。Narver and Slater（1990）は、先に論じたように、市場志向を組織の文化的視点から捉え、「買い手に継続的に優れた価値を創造するために必要な行動を最も効果的・効率的に生み出し、その結果として優れた事業成果をあげる組織文化である」と定義した。一方、Kohli and Jaworski（1990）は、論じたように、市場志向を行動的視点から捉えて「現在もしくは将来の顧客ニーズに関する市場情報の組織全体での生成、その部門を越えた普及、その市場情報への組織全体での反応」と定義した。

　また、リレーションシップ・マーケティングの研究者である Morgan and Hunt（1995, p.12）は、経営の視点から定義を試みている。「市場志向では、顧客や競合他社について詳しく知るため、内部要因として企業に対する正しい認識と曖昧な行動を避けることが可能となる。他方、外部要因として、変化する顧客の選好に対応して、競争戦略に活かすことができる。ゆえに、市場志向とは、無形資産となって、持続的な競争優位となる」とした。

　以上の定義は、組織の文化の側面、行動の側面そして顧客といった各視点からの3つの定義であるということができる。

　続いて、統一的な観点からの市場志向のいくつかの定義についてみてみよう。Deshpandè et al.（1996）は、「市場志向は、継続的なニーズの評価、顧客の創造と満足のために方向づけをする内部プロセスと活動の集合である」と定義した。また、Harris（2002）は、「市場志向は、組織を調整しつつ、顧客志向と競争志向を基にして行動するために、組織がそうした志向を知覚する程度を示す」とした。岩下（2012b）によれば、Deshpandè et al.（1996）が提案した統一的観点からの定義は、後続の研究では引用されていないとし、引用され

ない理由を Deshpandè *et al.*（1996）による統一的観点からの定義には、市場志向の原点とできる Narver and Slater（1990）と Kohli and Jaworski（1990）による定義がまったく反映されていないからであるとしている。

2-4-8　市場志向の構成要素

次に、市場志向はどのような構成要素から成るかをみていく。市場志向の原点であり、代表的研究である Narver and Slater（1990）と Kohli and Jaworski（1990）の研究における構成要素を確認する。

先述したように、Narver and Slater（1990）においては、市場志向の構成要素は「顧客志向」、「競合他社志向」、「部門間調整」の３つである。顧客志向と競合他社志向は、ターゲット市場における顧客と競合他社についての情報を獲得する活動とそうした情報を組織全体に普及させる活動を含んでいる。そして、部門間調整とは、顧客と競合他社の情報に基づき、ターゲットとなる顧客に優れた価値を創造するため、企業の資源を組織的に活用する活動である。Kohli and Jaworski（1990）においては、市場情報の流れの側面に着目して市場志向の構成要素を規定している。市場情報とは、顧客、製品、売上や競合他社に関する一連マーケティングについての情報を指している。構成要素として、まず「市場情報の生成」により顧客ニーズに影響する外部環境を把握し、顧客を理解する。次に「市場情報の普及」で、他部門とのコミュニケーションを緊密にしながら、その市場情報を伝え、浸透させていく。最後に、「市場への反応」で組織成員が市場情報をもとに市場に反応していく、という３つを挙げている。

市場志向の構成要素については、Laffterty and Hult（2001）、Gainer and Padanyi（2002）、Harris（2002）、Gainer and Padanyi（2005）、Morris *et al.*,（2007）、Modi and Mishra（2010）などの研究がある。これらの研究で出された構成要素は、構成要素名の表現の違いこそあるが、Narver and Slater と Kohli and Jaworski が提唱した構成要素とほぼ同意であり、ゆえに、構成要素については、すべての市場志向の尺度が Narver and Slater と Kohli and

Jaworski による構成要素に即していると考えられる（岩下, 2012b）。

2－4－9　市場志向の測定項目

市場志向の測定項目についてみていく。ここでは、本研究で採用するNarver and Slater（1990）による測定項目に絞って示すこととし、Kohli and Jaworski（1990）に基づく Kohli *et al.*（1993）による測定項目については参考程度に触れるに留める。

Narver and Slater（1990）の測定項目は、顧客志向、競合他社志向、部門間調整という 3 つの構成要素ごとに顧客、競合他社、部門間の調整について表現されている（表 5）。

次に、Kohli, Jaworski and Kumar（1993）が開発し、「MARKOR」と呼ぶ尺度の測定項目について少しだけ触れておきたい。Kohli and Jaworski（1990）

表 5　Narver and Slater（1990）による市場志向の測定尺度

構成概念	構成概念の内容
市場志向	【顧客志向】 顧客に対するコミットメント 顧客価値の創造 顧客ニーズの理解 顧客満足度を目標 顧客満足度の測定 購入後のアフターサービスの充実 【競合他社志向】 セールス・パーソンたちによる競合他社の情報共有 競合他社の行動への素早い対応 トップマネージャーによる競合他社の戦略についての議論 競争優位構築のための機会をうかがう 【部門間調整】 部門を問わず顧客の要求にこたえる 部門を問わない情報共有 戦略について部門での統合 すべての部門が顧客価値の向上を図る 他の部門とのさまざまな資源の共有

出所）Narver and Slater（1990）、p.24 より作成

の市場志向の構成要素で既に説明したように、「情報の生成」が、マーケティング調査を行うこと、「情報の普及」がマーケティングに関する情報の部門間でのコミュニケーション、「情報への反応」が市場の顧客に反応することを指している[22]。

2−4−10　市場志向と企業成果

　市場志向は企業にとって重要であると考えられる。なぜならば、市場志向的組織であればあるほど、概ね成果が高いことを示す研究が蓄積されているからである。例えば、市場志向の成果として、組織成果（収益性、事業成果に関する総合評価、市場シェアなど）（Narver and Slater, 1990; Kohli *et al.*, 1993）、顧客成果（製品・サービスに対する顧客の知覚品質、顧客満足、顧客ロイヤルティなど）（Kirca *et al.*, 2005）、従業員成果（組織コミットメント、団結心、職務満足、役割コンフリクトなど）（Jaworski and Kohli, 1993; Kirca *et al.*, 2005）、革新性（市場シェア、売上、収益性、開発目的の達成）（Narver *et al.*, 2004）が指摘されている。マーケティング論の市場志向の先行研究から、企業組織が市場志向的になることが、具体的成果につながることがわかるのである。

2−4−11　市場志向尺度の精緻化

　Narver and Slater（1990）と Kohli, Jaworski and Kumar（1993）のそれぞれが開発した市場志向の尺度は、その後、その尺度にある課題を克服しようと試みられると同時に精緻化が進められた。例えば、Langerak（2001）は、Narver and Slater（1990）と Kohli *et al.*（1993）の市場志向尺度は、単一企業のひとりの調査対象者を測定しており、顧客や競合他社のような複数の回答者の影響を考慮していないという理由から、複数の調査対象者に適用できるように尺度の精緻化を行った。

---

[22] なお測定項目について、詳しくは、Kohli, Jaworski and Kumar（1993）の p.476 を参照されたい。

　また、外部における妥当性を高めるため、米国以外の国において適用可能な尺度を開発した研究がある。Ward *et al.*（2006）は、『Fortune』誌の‘Fortune 500’に選出されたオーストラリア、オランダ、シンガポール、中国の企業の217名のマーケティング・エグゼクティブを対象とし、Narver and Slater（1990）の構成概念の信頼性と妥当性を検証した。その結果、Narver and Slater（1990）と同じように、長期フォーカスと利益を除いて、顧客志向、競合他社志向、部門間調整の3つの下位概念で9つの変数から、市場志向が成り立つとした。

　市場志向尺度の精緻化は、Narver and Slater（1990）が提案した尺度だけで進んだわけではない。Kohli *et al.*（1993）による尺度でも進んでいった。Matsuno *et al.*（2000）は、Kohli *et al.*（1993）が開発した「MARKOR」の精緻化を試みている。Matsuno *et al.* は、MARKOR尺度の測定項目に新たな項目を加えることで、信頼性と妥当性の向上を図った[23]。

2－4－12　市場志向と類似の概念

　これまでみてきたように、市場志向の概念は、Narver and Slater（1990）とKohli and Jaworski（1990）を源として中心的に開発された。こうした市場志向と類似する概念には、例えば「マーケティング・コンセプト」、「マーケティング志向」、「顧客志向」、「顧客主導」がある。そこで、市場志向が類似の概念とは異なり、独立した概念であるかをみていく[24]。なぜならば、市場志向は本研究の分析フレームワークの中心概念の1つであり、概念の誤用による混乱を避け、正しい認識を得て論を進めていくために必要と考えるからである。

---

[23] 項目の内容については、Matsuno, Mantzer and Rentz（2000）のpp.536-537を参照せよ。
[24] 類似概念については、岩下（2012a）を参考にしている。ただし、英語の解釈については、すべてを負うものではない。

【マーケティング・コンセプト】

　Felton（1959）は、マーケティング・コンセプト（marketing concept）とは、「長期的な収益を最大化する基本目標のために、すべてのマーケティング機能の統合と調和を求め、その他のすべての機能と融合させるような企業の考え方」と説明した。Deng and Dart（1994）は、マーケティング・コンセプトと市場志向との違いを明確にしようと試みている。そこでは、マーケティング・コンセプトが顧客ニーズの満足に至る活動に焦点を当て、長期的な収益を実現するための経営哲学であるとする一方、市場志向は、顧客ニーズを満足させる組織能力、部門で市場情報を普及させて、市場機会をうかがう戦略の実行であるとした。

【マーケティング志向】

　マーケティング志向（marketing orientation）と市場志向との相違点については、Kohli and Jaworski（1990）で明確にされている。Kohli and Jaworskiは、マーケティング実行の部門、マーケティングを実行するときの権限の所在、焦点という3つの視点から検討している。マーケティングを実行する部門について、マーケティング志向では、マーケティング部門のみが対象である一方、市場志向では、全部門が対象となる。マーケティングを実行するときの権限の所在については、マーケティング志向ではマーケティング部門しか権限をもたないが、市場志向ではいずれの部門でも権限をもつ。焦点は、マーケティング志向ではマーケティング活動に当てられ、市場志向では顧客を見据えての市場に当てられている。

【顧客志向】

　Day and Wensley（1988）は、顧客志向を顧客の価値を創造するために、組織において顧客を中心にして行動することであるとしている。Narver and Slater（1990）は、市場志向を「買い手に継続的に優れた価値を創造するために必要な行動を最も効果的・効率的に生み出し、その結果として優れた事業成

果をあげる組織文化である」とした。その上で、市場志向を顧客志向、競合他社志向と部門間調整の3つに分類している。ここから、Day and Wensley（1988）のいう顧客志向と市場志向との関係を考えると、顧客志向は、市場志向という集合に属する要素の1つといえる。つまり、顧客志向は市場志向の1つの構成要素であり、言い換えれば、市場志向の具体的な志向の1つであると説明することができる。

【顧客主導】

　次に、顧客志向と類似した概念である顧客主導（Slater and Narver, 1998）について、Slater and Narver による説明を確認する。顧客志向と顧客主導との違いを、顧客ニーズのタイプ、顧客に対する目標、時間の長さ、行動スタイル、学習スタイル、関係性の特徴、調査方法の特徴の7つから分類を試みている。顧客ニーズのタイプについては、顧客主導でははっきりとしたウォンツを発見するために、顧客にペースを合わせる。他方、市場志向では、隠れているニーズを捉えるため、顧客よりも先んじて行動する。また、時間の長さや顧客に対する目標では、顧客主導は短い期間で顧客満足を実現しようとするのに対して、市場志向では、長い期間で顧客価値を高めていこうとする。学習スタイルについては、顧客主導では顧客から学ぶという受動的な態度であるが、市場志向では、顧客ニーズを組織成員が進んで発見しようとするため、能動的な態度をとる。顧客との関係性の特徴については、顧客主導では、鍵となる顧客であるキーアカウントつまり主要な取引先との関係を構築していく。他方、市場志向では、将来のニーズを探そうとするため、そうしたニーズを予測していくようなリードユーザーとの関係を構築していく。最後に調査方法の特徴である。顧客主導では、今の顧客がもつ問題点を明らかにしようと、グループ・インタビューなどを用いる。一方、市場志向では、顧客の変化するニーズを捉えようと、一定期間ごとに同じような質問を行い、その経過や変化の状況を測定し、分析する定点調査や調査対象者を長期間にわたり固定して継続的に調査を行うパネル調査などの方法を用いる。

2-5 | 情報的資源

　先述したように、情報的資源は、目に見えない資源であるため「見えざる資産」（伊丹, 1980, 1984; Itami, 1987）とされる。例えば、企業活動に必要な技術・顧客情報、ノウハウや技術、信用力、ブランド・イメージ、従業員のモラール（士気）などが挙げられる（伊丹, 1980, 1984）。こうした資源は、固定性が高く、お金を出しても購入できないため市場から調達することはできない。お金を出しても買えないため、蓄積（資源形成）したり、作ったりするのに時間がかかる。もしお金を出して買えたり、作るのに時間がかからなかったりする資源であるなら、競争相手にすぐさま同じ資源をもたれてしまい、同じことができるようになる。そうした資源では、競争上の差別力の源泉とはなりえない。

　また、情報的資源は企業特異性（firm-specific）（伊丹・加護野, 2003）が高いため、他社からの模倣も困難である。成果があがる事業活動をもたらす源泉となるのが、見えざる資産である情報的資源なのであり、競争力の真の源泉となる（伊丹, 1980, 1984）。見えざる資産は、情報的本質ゆえに、一度できあがるとさまざまな形で多重利用が可能になりやすい（伊丹, 1984）。1つの製品の機能を実現させる技術の蓄積は、他のいくつかの分野で使うこともできる。一方で、カネはある分野に投入したら、「同時に」他の分野に投入することはできない。また、テレビの生産工場に従事する労働者は、「同時に」冷蔵庫の生産工場で作業（利用）をすることはできない。生産設備にしても、同時に多重の利用はできない。

　上述した情報的資源の「同時多重利用」以外の2つの特徴も指摘されている（加護野ほか, 2003）。第一に、自然蓄積性である。組織や組織成員は、さまざまな経験を通じて学習していく。情報的資源は、こうした経験や学習を通じて蓄積されていくという特徴をもつ。例えば、熟練やノウハウ、評判や信用などの情報的資源のいずれもが、少しずつ蓄積されるものであり、いきなり大量に蓄積するのは困難で、お金を出して買うのも難しい。第二に、消去困難性である。蓄積した情報的資源は、完全に消し去ることが困難である。例えば、ある

分野では有効なノウハウが、別の分野では機能しないということがある。また、ある期間においては有効であった情報が、陳腐化が進んで今では必ずしも有効ではないということもある。

伊丹（1980, 1984）は、事業活動に伴って起こる情報の流れのすべてが企業にとって重要だとは主張しておらず、重要な情報の流れもあれば、それほど重要でないものもあることを認めている。当該企業にとってどれが重要なものであるかは、企業のおかれた状況で変わってくるとした上で、「情報の流れ」という視点から、事業活動をみるという捉え方を重要なものだとしている（伊丹, 1980, 1984）。なぜならば、情報の流れの観点からさまざまな見えざる資産の具体例が整理でき、加えて見えざる資産の蓄積ルート、蓄積のポイントなどについての示唆が得られるからである。情報の流れに基づく見えざる資産を分類すると、次の表6のようになる。

企業が、その事業活動を行っていく中で、さまざまな情報のやりとりや流れが生起している（伊丹, 1980, 1982；吉原ほか, 1981）。事業活動では、次の3つの情報の流れで整理できる。第一に、環境から企業への情報の流れがある。つまり、「環境に関する」情報が、「企業へ」と流れ、「企業内に」蓄積される。第二に、企業から環境への情報の流れがある。すなわち、「企業に関する」情報が、「環境へ（企業外の人たちへ）」流れ、「環境の中に」そうした情報が蓄

表6　情報の流れに基づく見えざる資産の分類

情報の流れ	具　体　例
環境情報： 環境に関する情報の企業内の蓄積量および取り入れチャンネルの容量	技術・生産ノウハウ、顧客情報の蓄積、技術導入ルート、市場情報の獲得ルート
企業情報： 企業に関する情報の環境における蓄積量およびその供給チャンネルの容量	ブランド、企業の信用、企業イメージ、流通・下請けへの影響力、広告ノウハウ
内部情報処理特性： 企業内部での情報処理のパターンや特徴	組織風土、現場のモラール、経営管理能力

出所）伊丹（1980, 1984）をもとに一部修正

積されていく。第三に、企業内部での流れがある。情報の流れは、企業と環境の間でだけ生じるのではない。企業は組織体であるため、人々同士が協働する集まりである（Barnard, 1938）。そこでは、組織成員が相互にコミュニケーションを取り合い、意思決定という情報処理の活動をしている。

　表6で示したように、見えざる資産は、環境情報、企業情報、内部情報処理特性という3つに大別される。その3つについて、若干、説明を追加する[25]。例えば、技術の見えざる資産のポイントは、自然科学的・工学的知識の蓄積である。「自然」というものに関するある種の情報が、企業内に十分に蓄積されていることが本質となる。研究開発は、「自然に関する」情報収集の活動、学習活動だといえる。自然は、企業の環境の中の1つの要素であるから、技術の蓄積は、環境情報という見えざる資産の一部である。環境からの情報の流れの結果として、「環境情報」が生まれて、それがノウハウ、技術、顧客ニーズについての知識、といった見えざる資産となる。

　しかし、情報の蓄積だけが、見えざる資産として重要なのではなく、その蓄積をもたらすような情報の流れるチャネルそのものの性能、それもまた見えざる資産なのである。もし、技術導入ルートをもてれば、技術情報も企業が獲得しやすくなる。これは、技術情報の情報チャネルの性能が高いという見えざる資産である。

　「企業情報」に分類される企業の信用とは、顧客や金融機関などが企業について「好ましい情報」を多く有しているところにポイントがある。顧客や金融機関は、企業の行動を観察する。その結果、企業にとってプラスとなる情報が顧客や金融機関に蓄積されていけば、それが信用という見えざる資産となる。加えて、こうした企業にとってプラスとなる情報を、的確かつ迅速に送り出す能力（供給チャネルの性能）も、見えざる資産である。具体的には、下請けへの影響力や広告のノウハウがそれにあたる。

　企業組織が、情報を受け取り、蓄積し、それを用いて行動が生まれてくるわ

---

[25] 説明は、基本的に伊丹（1980, 1982）に負う。

けだが、その行動の背後にある適切な情報の流れと処理を可能にするのが、「内部情報処理特性」という見えざる資産である。組織成員の思考の傾向である組織風土、言い換えれば、ある組織に属する人たちに共通で特有の情報の伝達・処理のパターンは、戦略とのかかわりがとりわけ深く、きわめて大切な見えざる資産である。

　伊丹（1980, 1982）は、「環境情報の流れ」、「企業情報の流れ」、「内部情報の流れ」という3つの情報の流れについての情報蓄積と情報チャネルの性能にこそ、見えざる資産の本質があるとしている。

2-6 ┃ 情報の非対称性

　繰り返し説明してきたように、非対称情報は、市場の相互作用の一般的な特徴である。商品の売り手は、見込みのある買い手よりもその品質についてよく知る。非対称情報を含む現代の市場理論は、Akerlof、Spence、Stiglitz の業績に基礎をおいている（Löfgren *et al.*, 2002）。

　Akerlof（1970）は、中古車売買を例として取り上げ、売り手と買い手で質的情報（車の状態や調子）が同じでないことから、そうした状態を「情報に非対称性がある」とした。お金の貸し手や車の買い手が相手の不完全情報をもつとき、返済見込みが弱い借り手や低品質車の売り手は、お互いの有利な取引を制限して、市場の側から他の人全員（返済見込みが強い借り手、高品質車の売り手）を締め出してしまうかもしれない。すなわち、情報の非対称性が、市場で「逆選択」（Akerlof, 1970; Spence, 1973; Rothchild and Stiglitz, 1976）を生み出す可能性があることを示した。

　Spence（1973）は、市場の主体が逆選択の影響の相殺のためにシグナリング（情報を送る信号）をどのように使用できるかを示した。求職者は潜在的雇用主よりも自分の能力についてよく知る。そうした非対称情報の下での雇用関係における教育の役割として、労働者の能力に関する情報提供の重要性を指摘した。

Rothchild and Stiglitz（1976）は、非対称情報下での保険市場について分析した結果、中古車市場についてと同じ問題（Akerlof, 1970）が、保険市場にも当てはまることを見出した。つまり、情報をもつ経済主体は中古車市場では車の売り手であるのに対し、保険市場では加入者という個人である。他方、情報をもたない経済主体は、中古車市場では買い手であるのに対し、保険市場では保険会社である。ここから、中古車・保険市場の情報の非対称性の構造は同じであるということができる。

以上の先行研究から、売り手と買い手の間で、情報量に差があることを「情報が非対称である」ということができる[26]。

2-7 ｜ 先行研究（中小企業政策・市場志向・情報的資源）のまとめ

日本国内と同じく、海外の中小企業支援政策においても中心は、資金的資源の支援であることがわかる。それに伴い研究も補助金・助成金などの直接（ハード）支援について、いかなる効果や影響があるのかの検証が研究の中心といえる。非資金的資源の支援の効果や影響についての調査研究もなされてはいる。具体的内容をみてみると、例えば英国のビジネスリンクや米国のSBIRにように、「市場志向」を醸成しているのではないかと考えられるような支援も確認ができるが、少ないといえる。また、「情報的資源」を提供している支援も確認はできたが少なく、その種類も多くはない。情報的資源の提供につい

---

[26] 情報の非対称性について論ずるにあたり、ノーベル経済学賞を受賞したArrowに触れないわけにはいかない。Arrow（1974）は、情報の非対称性を説明するのに、輸送会社が貨物を発送する例を挙げている。契約の中に、「輸送途中での破損や損失に対して責任が問われない」という条項がしばしば含まれる。しかし、裁判所はこれまで一貫してそのような条項の発動を拒否し、輸送会社に何らかの責任をとらせる態度をとっている。なぜならば、平均的な送り主は輸送会社に比べれば小規模であって、送り主に問題の危険を正当に評価することを期待するのは行き過ぎであるという裁判所側の論理からである。ここに「情報の非対称性」という言葉こそ使っていないが、情報の非対称性の認識を見ることができる。Arrowは、*The Limits of Organization* の p.36 で「inequality of information（情報の不平等もしくは不均衡）」という言葉を用いている。

ては、大阪トップランナー育成事業の支援内容は、事業プロジェクトの計画立案や進捗管理、製品・サービスの開発促進支援、マーケティング・販路開拓支援、展示会の出展支援、海外展開支援、などと内容が豊富で、これらを認定企業に対して綜合的に支援していくが、海外での支援では、こうしたメニューの中の単発、あるいはいくつかの組合せで支援しているのがほとんどである。

　これまでの中小企業支援政策の海外の先行研究レビューは、次のようにまとめることができる。

> ・中小企業支援政策の効果についての研究では、補助金・助成金などの直接支援である資金的資源の提供に関するものが多くを占めていること。
> ・中小企業支援政策の効果についての研究では、非資金的資源の提供に関する研究が少なく、不十分であるということ。加えて、「市場志向」という指標を用いての非資金的資源の提供による支援についての効果の検証はほとんどないこと。
> ・中小企業支援政策の効果についての研究では、「情報的資源」という指標を用いての非資金的資源の提供による支援の効果の検証は極めて少ないこと。

　市場志向の先行研究レビューからは、マーケティングの領域にその源流があり、市場志向の概念には、文化的視点からの定義と行動的視点からの定義がある。両者は、市場志向に対する視点こそ異なるが、操作的定義上では、共通した行動を市場志向の構成要素として捉えている。すなわち、市場情報の収集、組織内での共有、職能部門を越えた組織全体での反応、を市場志向の構成概念としている点で共通している。こうした行動をとる組織が、市場志向が高いとみなされる。

　中小企業政策の効果の観点から市場志向研究で注目すべきは、市場志向的組織であればあるほど、概して成果が高いことが示されていることである。市場志向の成果として、組織成果（収益性、事業成果に関する綜合評価、市場シェ

アなど）（Narver and Slater, 1990; Kohli *et al.*,1993）、顧客成果（製品・サービスに対する顧客の知覚品質、顧客満足、顧客ロイヤルティなど）（Kirca *et al.*, 2005）、従業員成果（組織コミットメント、団結心、職務満足、役割コンフリクトなど）（Jaworski and Kohli, 1993; Kirca *et al.*, 2005）、革新性（市場シェア、売上、収益性、開発目的の達成）（Narver *et al.*, 2004）が指摘されている。

　マーケティング論の市場志向の先行研究から、企業組織が市場志向的になることが、具体的成果につながることがわかるのである。これまでの市場志向の先行研究レビューは、次のようにまとめることができる。

> ・市場志向の企業であればあるほど、概して企業成果（組織成果など）が高い。

　中小企業支援政策において、市場志向の醸成がもし図られれば、効果として経営成果につながる可能性が高まるといえるのである。

　情報的資源は目に見えない資源であり、企業活動に必要な技術・顧客情報、ノウハウや技術、信用力、ブランド・イメージ、従業員のモラール（士気）などがある。こうした資源は、固定性が高く、かつ、お金で購入できないため、市場調達ができない。お金を出しても買えないため、蓄積や創出にはかなりの時間を要する。情報的資源は企業特異性が高いために、他社からの模倣が困難である。成果をもたらす事業活動をもたらす源泉となるのが、見えざる資産である情報的資源であり、競争力の真の源泉となり得る。

　中小企業政策の効果の観点から情報的資源で注目すべきは、真の競争優位の源泉なることに加えて、より重要なのは、情報的資源を獲得できれば、中小企業が抱える情報の非対称性を緩和、補完できることである。情報の非対称性を緩和、補完ができることで、中小企業は「equal footing」（競争条件の同一化）を図れ、市場における公平性を高め、市場に登場して、競争へと邁進することができる。

　これまでの情報的資源および情報の非対称性の先行研究レビューは、次のようにまとめることができる。

> ・情報的資源は企業の競争優位の源になりうる見えざる資産である。
> ・中小企業は、厳然として情報の非対称性の問題を抱えている。

2−7−1　先行研究からの作業仮説の設定

　先行研究から、中小企業支援政策の効果について、次のような仮説が考えられる。

　「中小企業支援政策の支援により、中小企業が市場志向を根づかせて、情報的資源を獲得できれば、最終成果につながるのではないか」

2−7−2　作業仮説の問題点

　先行研究レビューのみから仮説を設定したが、ここには問題がある。

　第一に、中小企業政策の効果の先行研究では、研究・技術開発への補助金など直接支援についてのものが多く、間接支援の効果を明らかにした研究は、極めて少ない点が挙げられる。

　第二に、間接支援の効果として、市場志向の醸成および情報的資源の提供という指標を中小企業政策の効果の研究フレームワークに用いた先行研究は、調べた限りでは確認できない点である。

　以上の2つの問題点から、先行研究だけでは情報量として足りているとは到底考えにくく、検証に向かえる仮説としての根拠が薄いといえる。

　こうした問題点から、先行研究からは、まずは作業仮説とした。作業仮説とは、仮説を暫定的に認め、測定可能な変数に置き換えて調査によって検証できるようにしたものである（島崎・大竹, 2015）。また、作業仮説は、それに基づいた理論的または実際の simulation（模擬実験）によって探求される（Greco *et al.*, 2005）。そこで、先行研究から構築した作業仮説は、次のように表現できる。

> 作業仮説：中小企業支援政策により、効果として市場志向を根づかせて、
> その上で情報的資源を提供すれば、最終成果につながるのでは
> ないか。

　では、この作業仮説を検証して、サンプル数を増やして定量分析にかけられる仮説にするにためは、どうしたらよいのだろうか。そのための1つの方法として、パイロット調査が挙げられる。パイロット調査を行うことで、先行研究に基づいた作業仮説を検証可能な仮説として精緻化し、かつ、その後の定量分析に進むことができる。以下、パイロット調査について詳述する。

第3章

パイロット調査
―大阪市 TR 事業の支援を受けた中小企業に対する事例分析―

3−1 ▎パイロット調査の目的

　本研究におけるパイロット調査の目的は、TR 事業の支援を受けた 3 社の事例研究に基づき、自治体のイノベーション促進政策の効果についての先行研究から設定した作業仮説の検証を試み、そのうえで、仮説設定を行うことである。

　ここでは、事例研究による方法を採用している。事例を用いた研究の目的は、Eisenhardt（1989）が指摘したように、仮説を構築することである場合が多数である。ここでのパイロット調査における事例研究を用いた仮説構築とは、先行研究から設定した作業仮説の検証を意味している。つまり、事例研究から構築した仮説が、作業仮説を支持する内容であるかを確認するということである。

　中小企業に対するイノベーション（新規事業）促進政策の効果についての先行研究から導き出した作業仮説を理論的仮説にすること目指し、以下で TR 事業を対象にし、自治体による中小企業のイノベーション（新規事業）[27] の効果の作業仮説について検証する。

3−2 ▎パイロット調査の方法

　パイロット調査（pilot study）という用語は、社会科学の研究において、2つの異なる方法で用いられている。第一に、主要な研究の準備のために行われる「小規模バージョン（small scale version）または試行（trial run）」であり、いわゆる実行可能性の調査である（Polit *et al.,* 2001）。第二に、質問票調査あ

---

[27] 本研究における「イノベーション」の定義は、Schumpeter（1934）の定義による視点から、新しい財貨の新規事業である。詳しくは、「主要な概念について」を参照。

るいはインタビューのような特定の研究手法の事前テストまたは「試用（try-ing out）」である（Baker, 1994）。パイロット調査の実施理由には、①提案された採用アプローチの成功の可能性の評価、②研究手順が現実的かつ実行可能かどうかの評価、③本格的（大規模）研究／調査の実行可能性の評価などがある（Teijlingen and Hundley, 2001, Teijlingen *et al.*, 2001）。

　パイロット調査の方法は、定量的および／または定性的方法に基づいて行うことができる（Teijlingen and Hundley, 2001）。また、「比較的未調査のトピックに関する定性的データの収集と分析を開始し、その結果を使用して、その後の研究の定量的フェーズを設計する」ことができる（Tashakkori and Teddlie, 1998）。本研究では、この Tashakkori and Teddlie（1998）の研究設計を採用し、パイロット調査を実施した。パイロット調査の目的は、作業仮説を検証した上で仮説を設定することであり、対象は TR 事業の支援を受けた企業 3 社、方法はインタビューおよび質問票調査である。

3-3 ┃ 事例研究を調査対象にした理由

　次に、TR 事業の中でも、とりわけ 3 社の新事業を事例研究の分析対象にした 2 つの理由を説明する。

　第一の理由は、支援による効果は即座に出るものではなく、一定期間を必要とするが、3 社の新事業はそれぞれ認定されて 2 年間の支援が終了してから、2 年以上経過しており、政策効果を検証する対象として適切であると判断したからである。

　第二の理由は、TR 事業認定企業についての事前調査（日経テレコンを使用した新聞・雑誌記事やテレビ取材などのメディアへの露出など）から、他の認定企業の事業に比して、3 社の情報が豊富で入手しやすく、そうした情報から、TR 事業の認定による支援によって 3 社の新事業が軌道にのったのではないか、との推測ができたためである。

3-4 ┃ パイロット調査の概要

　パイロット調査の概要は、表 7 の通りである。インタビュー調査は、各回 2 時間程度、笑美面社に対しては、2018 年 6 月 27 日、同年 8 月 6 日、I&C 社に対しては、2018 年 6 月 6 日、同年 8 月 7 日、ムラテック社に対しては、2018 年 11 月 16 日、同年 12 月 7 日に行った。インタビュー対象者は、表 7 に示した代表取締役社長（当時）の各氏である。

表 7　パイロット調査の概要

事例企業	会社概要	支援対象プロジェクト
株式会社笑美面	本社：大阪市 代表取締役社長：榎並将志氏 2012 年 1 月設立、従業員は 13 名、資本金 700 万円、売上 1 億 2,800 万円（2016 年 10 月期）	**高齢者住宅紹介事業** 利用者と施設・支援者とのマッチングをし、高齢者住宅を紹介。
株式会社 I&C	本社：大阪市 代表取締役社長：佐田幸夫氏 2008 年 12 月設立、従業員は 14 名、資本金 1 億 2,500 万円（資本準備金含む）、売上 5 億円（2017 年 11 月期）、大阪本社のほかに、東京、デンマーク（オーデンセ市）、米国（ニューヨーク市）にも拠点	**LAP 事業** LAP とは、電動で高さを変えられる洗面台。電動昇降により、子ども、大人、高齢者、介護者まで使用可能。LAP にはセンサーがつけられており、自動的に検知して高さの調整も可能。
ムラテックシステム株式会社	本社：大阪市 代表取締役社長：森秀樹氏 1997 年 1 月設立、従業員は 5 名、資本金 4,000 万円、売上 1 億 5,600 万円（2018 年 3 月期）	**スマート見張り隊事業** 「スマート見張り隊」とは、無線ネットワーク規格「Z-WAVE」を用いて、電気の「見える化」や家電の「自動化」に必要なセンサーやスイッチを組み合わせ、省エネ、ホームセキュリティ、家族を見守るシステム。

3-4-1　分析フレームワーク

3 社の事例研究では、TR 事業の政策効果の評価、課題分析に用いる分析フ

レームワークとして、1つは Narver and Slater（1990）の市場志向の概念を用いる。先行研究で説明したが、市場志向は、Narver and Slater（1990）にしたがい、市場志向を組織の文化的視点から捉え、「買い手に継続的に優れた価値を創造するために必要な行動を最も効果的・効率的に生み出し、その結果として優れた事業成果をあげる組織文化である」という定義を採用している。

そしてこれも先行研究で説明したが、もう1つは、経営資源の中でも見えざる資産（伊丹, 1984, 2012）とされる情報的資源（加護野ほか, 2003; 伊丹・加護野, 2003）の概念を主として用いる。なお、本研究における情報的資源の定義は、伊丹（1984, 2012）, 加護野（2003）の定義に準じ、「ヒト・モノ・カネといった有形の経営資源とは異なり、技術力、生産ノウハウ、顧客の信用、ブランドの知名度、従業員のモラールの高さなど無形で目に見えない資源」とする。

事例研究において、これら2つの分析フレームワークを用いた理由は次の通りである。

第一のフレームワークとして市場志向の概念が必要なのは、自治体のイノベーション促進政策は、補助金中心の技術開発というこれまでに繰り返されているハード支援だけに留めるべきではなく、市場志向を醸成すべきとみられるからである。市場志向は、企業の組織文化にあたるもので、企業の体質的なものを変えることが目的であり、問題意識のところで詳しく述べたように、中小企業支援で効果を出している制度・政策をみると、国内では f-Biz による支援、海外では英国のビジネスリンク、米国の SBIR による支援では、市場志向を成果目標にしているように捉えられるからである。

第二のフレームワークとして情報的資源の概念が必要なのは、自治体のイノベーション促進政策は、プロモーション機会や販路開拓などを補完する支援などの事業化への間接支援をすべきと考えられるからである。組織文化にあたる市場志向だけでは十分ではなく、自治体の支援は、個別企業が本当に必要とする特殊な支援、すなわち、企業特異性がありすぐに活用できる具体的な情報的資源を提供することを伴ってはじめて有効性が発揮できるからである。支援の効果は、実際の支援ニーズへの適合性にかかっており、もし提供された支援が

82

必要とされる支援に対してより適していれば、中小企業への支援提供の成功および中小企業の事業の成功がより高いのである（Rakićević *et al.,* 2013）。加えて、情報的資源の概念が必要なさらなる理由は、支援としての情報的資源の提供が、中小企業が抱える情報の非対称性を補完・解消する役割があるからである。新規事業に挑戦する中小企業は、これまでの事業の経験からさまざまな経営資源を蓄積してきた中小企業に比べ、特に情報的資源が不足している。そうした情報の非対称性を補完することで事業化が促進されるのである。

　以上のように本研究では、自治体のイノベーション促進政策においては、市場開発の支援へとつながる市場志向の醸成を促進し、企業特異性のある情報的資源の提供にまで踏み込むことが肝要であることを明らかにしていく。

　3社の事例研究では、上記の2つを主たる分析概念として用いる。そして、自治体のイノベーション促進政策は、補助金中心の技術開発というこれまでに繰り返されているハード支援だけに留めるべきではなく、市場志向を醸成し、それに加え、市場での販売につながるネットワークの提供などの事業化へのソフト支援をすべきであると考える。そこでは、個別企業が本当に必要とする特殊な支援、すなわち、企業特異性のある情報的資源を提供することを伴いはじめて有効性が発揮できることを事例研究から導きたい。現在、公的なイノベーション促進政策は技術開発への補助金支援が中心である。しかし、それでは十分ではなく、市場開拓の支援へとつながる市場志向の醸成を促進し、企業特異性のある情報的資源の提供にまで踏み込むことが売上などの最終成果につながるのではないかという作業仮説を検証する。

　3社に対して共通する分析方法として、TR事業活用後の変化を観察し、支援実施後の効果を明らかにする。市場志向は、Narver and Slater（1990）の測定項目では「顧客志向」、「競合他社志向」、「部門間調整」の3項目から構成され、TR事業活用後の変化を観察し、支援実施後の効果を検証する。

　情報的資源は、「技術導入ルート」（伊丹, 1984, 2012；加護野・伊丹, 2003）、「広告のノウハウ」（伊丹, 1984, 2012；加護野・伊丹, 2003）、「プロジェクト遂行能力」（名取, 2017）、「事業計画策定能力」（名取, 2017）、「外部とのネットワー

ク形成」(名取, 2017)、「社員のモチベーション」(名取, 2017)、「資金調達力」(名取, 2017)、「製品・サービス開発」(名取, 2017)、「プロモーション機会」(名取, 2017)、「事業化スピード」(名取, 2017)、「市場情報の獲得ルート」(伊丹, 1984, 2012；加護野・伊丹, 2003)、「信用力・知名度」(伊丹, 1984, 2012；加護野・伊丹, 2003；加護野ほか, 2003；名取, 2017) という先行研究をもとにした12項目に、「技術力」と「販路開拓」を新たに加えた14項目とした。

研究方法として、3社への質問票調査を行う。その目的は、既述の2つのフレームワーク（市場志向および情報的資源）に及ぼすTR事業活用の効果を検証することである。

まず、市場志向に関する質問項目は Narver and Slater (1990) による市場志向についての顧客志向、競合他社志向、部門間調整の3項目の行動要素から成る測定項目を用いた。

3社に対する共通の研究方法として、代表取締役社長へのインタビューおよび補完的な質問票調査に基づき、TR事業活用の効果を検証する。補完的な質問票調査[28]の市場志向についての質問項目は、Narver and Slater (1990) による市場志向についての顧客志向、競合他社志向、部門間調整の3項目の行動要素から成る測定項目を用いた[29]。

情報的資源の質問については、表8に整理した。既に説明したように先行研究を参考にした12項目、そして本研究で新たに設けた「技術力」と「販路開拓」を加えた14項目である。

質問票調査の回答には、4段階のリッカート尺度「大変高まった」のように変化の程度が最も著しいもの、「ある程度」、「少しだけ」、「全くなかった」を採用している。

---

[28] appendix を参照。
[29] 市場志向の測定尺度の精緻化は進み、MARKOR (Kohli *et al.*,1993) や MKTOR (Matsuno *et al.*, 2000) などが提案された。市場志向の測定尺度は、欧米のマーケティング研究において広く知れわたるに至り、市場志向が高い組織は、業績も高いことが多くの研究で支持されていった。

表 8　情報的資源の質問項目についての先行研究

	伊丹 (1984)	加護野・伊丹 (2003)	加護野ほか (2003)	伊丹 (2012)	名取 (2017)
技術導入ルート	✔	✔		✔	
広告のノウハウ	✔	✔		✔	
プロジェクト遂行能力					✔
事業計画策定能力					✔
外部とのネットワーク形成					✔
社員のモチベーション					✔
資金調達力					✔
製品・サービス開発					✔
プロモーション機会					✔
事業化スピード					✔
市場情報の獲得ルート	✔	✔		✔	
信用力・知名度	✔	✔	✔	✔	✔

　回答は、選択肢から選んでもらう形式で、適宜、自由記述欄を入れた設問もある。なお、2つのフレームワーク（市場志向および情報的資源）に基づく質問に加えて、3社へのインタビューでは、補完的な質問として、①新規事業の概要、②新規事業に至る経緯、③TR事業活用の経緯、④TR事業の新規事業への効果、に関する質問を行った。質問票調査の回答結果は、以下で述べる事例概要、事例分析および考察において示す。また回答結果の一覧は、後に3社それぞれ表9、10、11において示す。

3－4－2　インタビュー方法の選定

　インタビューは、構造化の程度により区分されている。その区分には、大きく3つある。

　第一に、構造化インタビューである。あらかじめ質問を用意しておいて、どの対象者にも、同じ質問が同じ順序で行われる。インタビューの過程で、一貫

してインタビュアーは質問者、インタビュイーは回答者であることが求められ、相互の自由で柔軟なやりとりは認められない（谷・芦田編, 2009）。

第二に、非構造化インタビューである。質問はあらかじめ厳格に用意されるのではなく、調査者の興味・関心に基づいて、その場の状況やインタビューの進展具合で、適宜、発せられる。オープンエンドな質問（「はい－いいえ」で答えるようなクローズな質問でなく、「どう思いますか」など、自由に答えられる質問を指す）であることもしばしばである。質問者、回答者という役割に縛られず、会話ができる余地が十分にある（谷・芦田編, 2009）。

第三に、半構造化インタビューである。半構造化インタビューは、構造化インタビューと非構造化インタビューの中間に位置する。質問項目をあらかじめおおよそは決めているものの、話題の展開に応じて新たな質問を加えたり、発問の順序にこだわらず質問したりする。回答の仕方も、それぞれの回答者に任されている（谷・芦田編, 2009）。

本研究では、インタビューをパイロット調査において用いている。パイロット調査では、先行研究から設定した作業仮説を、3社の事例研究を通じて検証することを目的としている。そのために、質問票調査と合わせて補完的にインタビュー調査を実施した。インタビュー調査では、作業仮説で提示した因子間の関係についての理解を深めることと、新たに考慮すべき点があるのかを慎重に確認するために、半構造化インタビューを採用した。

3-5 ｜ パイロット調査の事例研究① 株式会社笑美面

株式会社笑美面（本社：大阪市、代表取締役社長：榎並将志氏）は、2012年1月設立、従業員は13名、資本金700万円、売上1億2,800万円（2016年10月期）で、事業内容は、高齢者住宅紹介事業、老人ホームコンサルティング事業、LGBT就職支援事業、ケアペッツ事業、シェアハウス事業である。（以上は笑美面社webサイト、会社案内パンフレットによる）。

笑美面社の高齢者住宅紹介事業は、利用者と施設・支援者とのマッチングで

ある。これまで、施設のパンフレットを渡すなど簡単な紹介はケアマネジャーが行ってきたが、これは全くのボランティアであり、親切心からの行為である。笑美面社は、高齢者住宅を探す利用者に対して、無料で相談に対応し、高齢者住宅（老人ホーム・介護施設）まで送迎、現地同行、支援を行う。高齢者住宅の種類、料金の仕組みなどを説明し、利用者が納得した上で高齢者住宅を紹介する。介護施設の情報は複雑で、一般の人が理解することが難しい。こうした問題を抱える高齢者やその家族を独自の情報システムを活用し、その人にあった最適な施設の提案、紹介をする。このサービスでは、入居高齢者の負担はなく、入居が決定した老人ホームが手数料を支払う仕組みになっている。手数料は、高齢者の入居費用に対して定率で算出されるため、公正かつ適切な施設紹介が可能であると笑美面社は考えている。

　高齢者住宅紹介における笑美面社の強みは、「情報」である。同社の施設の担当者が、現地に足を運んで施設を調べて、施設が提供する内容を細かくチェックする。例えば、入居者の平均年齢、男女比、入浴形態、外出の際のルールなど、2016年には65項目であったが今では（インタビュー調査時点）定量的なものだけでも100項目を超える。例えば、平均年齢の情報がなぜ大事かといえば、「平均年齢が60歳代中心の施設と80歳後半、90歳代中心の施設では、年齢が親子ほど違います。そうなると、お互いなかなかなじめないということもあります」（榎並氏）という状況があるからである。施設のチェック項目には、定量的な面だけではなく、レクリエーション活動の種類、訪問診療科目、リハビリの内容、施設長の経歴と多岐に及んでいる。現在までに、高齢者住宅との提携のカバー率は、関西（大阪、兵庫、京都）で約1,500棟、おおよそ90%提携済みである（老人ホームの情報を取得）。全国での提携では、7,000棟になる。

　インタビューから、笑美面社に対して実際にあった相談内容について聞くことができた。将棋が生きがいの男性で、2日に一度は透析の病院に通院しないといけない。この1年、大阪のJR天王寺駅にほど近い天王寺公園に将棋を指しに行けなくなっている。とうとう体力も落ち、身の回りも不安で、1人暮ら

しも難しい。そこで、家族から、笑美面に老人ホーム入居の相談があった。条件は、透析を続けても受け入れてもらえるところで、予算は 15 万、これまで住んでいた区内で探してほしいというもので、最後の希望は、将棋が指せることであった。そのとき、「週に 3 回将棋が指せて、現在住む区内の施設なら現在通院している透析の病院を変える必要はありません。ただ毎日指したいとなると、現在とは別の透析病院に通院する必要があります」というその人にマッチした的確な施設提案を行った。こうした細かな条件に応えられるのは、笑美面社の「戦後の時代を生き抜き、豊かな日本を創り上げた高齢者の方々に私たちの世代が恩返しする番です」（笑美面社 web サイトより）という会社の姿勢とともに、施設の詳細な情報を蓄積しているからである。

　高齢者住宅紹介事業に至る経緯は次の通りである。榎並氏は 23 歳の時、父親の病気で家業の不動産業を継いだ。介護の業界に目を向けた初めのきっかけは、不動産事業の延長線上で老人ホームを運営できないかとの発想からであった。しかし、新規事業を検討するために、老人ホームに介護研修に行った2011 年に転機が訪れる。3 日経過して、自分が思い描いていた事業と全然違うことに気づき、「老人ホーム事業は自分はやるべきではない、失敗する。介護の経験、人脈、知識もない自分がやる仕事ではない」（榎並氏）と悟った。なぜなら、自分が老人ホームを不動産事業の延長で考え、ハードのビジネスという捉え方をしていたからである。介護の現場に入って、重要なのはソフトだと知る。実習生である自分の袖を引っ張り、世話をした高齢者の方から「ありがとうな」と声をもらい、うれしく、感動を覚えた。この時、今まではどうしたら仕事がうまくいくかばかりを考えていたが、「何のために仕事をやるのか」という仕事の意義が重要であると考えが大きく変わり、「介護のために自分のできることはないか」と自らに問うた。1 か月半の実習後、絶対に介護をやると決意したが、ただ老人ホームは断念し、そこで何ができるのか。根底にはこれまでに培った不動産の考え方があった。不動産を探し、仲介するプロは駅前にたくさんいる。しかし、老人ホームを探すプロはいない。「本当にいないのか」。それが高齢者住宅紹介事業に向かうきっかけとなる。調べた結果、行政

の機能には、老人ホームや介護施設の登録しかなく、それらを選ぶための情報はなかった。民間にはそうした会社はあった。すべて関東の会社であり、2011年時点で 4 社、その当時、会社の設立は 2000 年とか 2004 年とか設立後 10 年くらい事業展開しているが、最大で人員 20～40 名、展開例は関東だけという規模で、ここにニーズがあると捉えた。

　次に TR 事業に公募するきっかけについて述べる。日本経済新聞に自社の記事が初めて掲載され、日経の記者に対して「介護にもベンチャー企業があるから特集して下さい」と働きかけていた。そしてその努力が実り、スマイルプラス伊藤一彦氏、eWeLL 中野剛人氏などとともに介護系ベンチャー企業の特集記事で取り上げられた（日本経済新聞　2015 年 2 月 23 日）。その後、トーマツベンチャーサポート株式会社から声がかかり、モーニングピッチに参加していたところ、TR 事業の担当コーディネーターから声がかかり、TR 事業の認定プロジェクトの産業分野は、特に介護、医療、環境・エネルギー、健康、IoT や、現在注目されている産業分野だと説明を受ける。自社の高齢者住宅紹介事業の説明をしたところ、「御社のビジネスは、世の中に絶対必要だと思う」とコーディネーターが言葉をかけてくれたことが、TR 事業公募へのきっかけになった。

　TR 事業において笑美面社が最も期待する支援内容は、信用力の獲得である。高齢者住宅紹介事業の性質上、ケアマネジャー、病院、自治体の役所などに直接に関与する企業として信用を受けることが何よりも重要であった。そうした時に、TR 事業のプロジェクトに認定され、認定後すぐに許可をとって以来、笑美面社の名刺には「大阪市トップランナー育成事業認定プロジェクト」のロゴを入れている。名刺だけではなく、会社パンフレットにも大きく入れている。

　信用力について、榎並氏は次のように述べている。「TR 事業による信用力についての正確な効果は、われわれは測定できないが、非常に大きく寄与している。一番大事な取引先であるケアマネジャーとか病院に対して、そこで活動する社員の現場の声を聞くと、本当に寄与しているとわかる」、「まだまだ社員の発信力が弱いが、TR 事業の効果だけは社員みんな現場で実感している」。

3－5－1　事例分析の結果

　表9は、笑美面社のTR事業活用後の変化を示したものである。内容は、笑美面社への2回のインタビューと質問票調査の結果をまとめたものである。

表9　大阪トップランナー育成事業の活用後の変化（笑美面社の事例）

構成概念	構成概念の内容	TR事業活用後
市場志向	**【顧客志向】**	
	顧客に対するコミットメント	たいへん増えた
	顧客価値の創造	たいへんするようになった
	顧客ニーズの理解	たいへん深まった
	顧客満足度を目標	かなりするようになった
	顧客満足度の測定	かなりするようになった
	購入後のアフターサービスの充実	かなりするようになった
	【競合他社志向】	
	セールス・パーソンたちによる競合他社の情報共有	かなりするようになった
	競合他社の行動への素早い対応	少しだけするようになった
	トップマネージャーによる競合他社の戦略についての議論	かなりするようになった
	競争優位構築のための機会をうかがう	かなりするようになった
	【部門間調整】	
	部門を問わず顧客の要求にこたえる	かなりするようになった
	部門を問わない情報共有	ある程度するようになった
	戦略について部門での統合	少しだけするようになった
	すべての部門が顧客価値の向上	ある程度努めるようになった
	他の部門とのさまざまな資源の共有	ある程度するようになった
情報的資源	技術導入ルート	たいへん広がった
	技術力	ある程度向上した
	広告のノウハウ	たいへん向上した
	プロジェクト遂行能力	たいへん高まった
	事業計画策定能力	たいへん高まった
	外部ネットワーク	ある程度増えた
	社員のモチベーション	たいへん高まった
	資金調達力	たいへん高まった
	製品・サービス開発	たいへん成功した
	プロモーション機会	少しだけ増えた
	事業化スピード	たいへん早まった
	市場情報の獲得ルート	ある程度広がった
	販路開拓	たいへん広がった
	信用力や知名度	たいへん高まった

　市場志向について、TR認定後に明らかに変化が確認できる。本研究では、既述したように市場志向を組織文化とする定義（Narver and Slater, 1990）を採用している。市場志向を構成している顧客志向、競合他社志向、部門間調整のそれぞれで変化が確認できる。また、情報的資源についても、変化が確認できる。

3－5－2　考察

　最初に、市場志向について考察すると、とりわけ大きな変化として、部門間調整の項目では、部門を問わず顧客の要求に応えることに積極的に取り組むようになっている。しかし、TR認定前は、そもそも部門がほぼ存在していなかった。TR認定後、管理、人事、経営企画、財務、経理、システムという各部門ができ、役割分担の明確化と専門性が活用できる組織体制が整った。その上で、各部門間で顧客の要求にこたえる活動が活発になり、情報共有も進んでいる。

　次に情報的資源について考察すると、全体として多くの項目でTR認定後の変化が確認できた。情報的資源は2種類に大別でき（加護野, 2003）、1つめは、企業内部に蓄積されるもの、2つめに、企業外部に蓄積されるものである。前者は外部環境から企業内部に取り込まれ蓄積され、具体的には技術導入ルート、技術・生産ノウハウ、顧客情報などがあり、こうした情報的資源を「環境情報」とした（伊丹, 1984, 2012；加護野, 2003）。また、企業内部での情報のやりとりを通じて蓄積される情報処理のパターンや特徴である現場のモラールや組織風土などを「内部情報処理特性」（伊丹, 1984, 2012；加護野, 2003）とした。他方、後者の企業外部に蓄積されていくというのは、人的・物的・資金的資源といった他の資源にはない特徴である。具体的には、ブランド、信用、評判、イメージなどであり、こうした情報的資源を「企業情報」とした（加護野, 2003）。

　笑美面社の情報的資源の獲得について、主要なものとして3点を挙げることができる。

　第一に、TR事業の笑美面社への支援による情報的資源の獲得に、技術導入

ルートがある。介護施設、老人ホームの情報や顧客管理に関する社内システムの改善という課題を TR 事業のコーディネーターに相談したところ、サイボウズ社の Kintone という業務改善プラットホームを知り、導入ができた。高齢者住宅の情報を統合し、顧客管理を社内システムの中に構築し、業務の効率化を果たせた。結果として、利用者に提供する高齢者住宅の情報サービスの向上につながった。これは、技術導入ルートという「環境情報」の獲得である。

　第二の情報的資源の獲得に、社員のモチベーションがある。笑美面のサービスは、社員が自分の家族や友人に対してなかなか理解してもらえないという現状があり、そのことがモチベーションの停滞につながっていた。しかし、大阪市による TR 事業認定のプロジェクトに採用され、その認定ロゴを社員が自主的に名刺に入れ、社員のモチベーションが目に見えて変化した。大阪市という公的機関のお墨付きがついたことで、メンバーの会話にも「大阪市に認定されているのだから」という言葉も増え、自分たちの行動を律するコンプライアンス意識の向上、サービスレベルを担保する意識が維持されモチベーションにつながっている。これは、モチベーションという「内部情報処理特性」の獲得である。

　第三の情報的資源の獲得に、信用力がある。これは、笑美面社が TR 事業において最も期待した支援内容であることは既に述べた。信用力が重要な理由は、信用というのは企業の外部において蓄積される企業特異性の高い経営資源であり、企業に個性を与え、競争力の源泉になり得るもの（伊丹, 1984）だからである。

　企業情報に分類される企業イメージと同義であると考えられる知名度については、TR 事業認定後には、マスメディアでその効果がみられる。マスメディアでの効果は、表 9 の情報的資源の広告ノウハウで「たいへん向上した」という効果を確認したことからも裏付けができる。日本経済新聞、日経産業新聞、地方紙の東京・静岡・愛媛などの新聞、日経ビジネス、また、NHK や ABC（朝日放送）の番組でも高齢者住宅紹介事業が取り上げられ、知名度を向上させている。一般的に中小企業は知名度が低いが、経営資源の制約上、知名度を高め

るために広告費などに資金的資源をつぎ込むことは難しい。こうしたところに、資金的資源をかけずにマスメディアに取り上げられ、知名度を上げることの効果は計り知れず、TR事業認定による効果の大きさを確認できる。

　信用力については、著名効果（お墨付き効果）の研究の蓄積がある。Baum and Oliver（1991, 1992）は、著名な組織によるお墨付き効果の研究を行った。医療・福祉サービス組織に対して、サービスに関する資格を認定する公的機関のお墨付きによる正統性の獲得が、若い組織の成長プロセスにおける廃業率を低める効果があることを実証した。イノベーションとの関連では、Podolny and Stuart（1995）は、技術イノベーションに対して、ステータスの高い著名企業がその研究開発に資源配分を行うことで、他の企業も同じ技術に資源配分をする傾向があることを示した。その結果、ステータスの高い企業が推進する技術が主流となる傾向を指摘した。国内の研究では、伊藤（2006a, b, 2013, 2016）による一連の研究がある。

　伊藤（2006b）は、次世代半導体開発の事例分析を行った。その結果、新規事業やその前提となるイノベーションの継続や推進に貢献する著名効果として、著名な大学教授と名のある研究評価組織におけるお墨付き効果の存在を確認した。この効果は、新規事業の事業化段階の前の研究開発段階において、その継続、大きな設備投資の意思決定のための重要な著名効果であるとした。TR事業を実施する大阪市は自治体であり、著名さをもつ。つまり、公的機関として信用があり、名前が知れ渡っている。TR事業の支援の中で、認定企業は大阪市のお墨付きと有名さから信用力を獲得し、外部に蓄積している。笑美面社は、TR事業を通じて企業特異性のある情報的資源として信用力を獲得している。これにより、大事な取引先であり、顧客についての有力な情報源である病院、ケースワーカー、ケアマネジャーからの信頼を得ている。著名効果を通じた信用力により、ケアマネジャー、病院、自治体、利用者に対して信頼関係を構築し、顧客開拓へつなげている。また、自治体主催のイベントへの参加の増加、自治体との共催イベントの数も増えているのも、信用力という、企業情報の獲得のゆえである。

さらに、情報的資源同士の関係で、追加的発見事項があった。信用力が原因となり、「大阪市に認定されているのだから」という社員のモチベーションを高める効果があることも示唆された。これは、先行研究では企業情報（信用力）という資源が外部に蓄積されるとしていたが、それだけではなくて、企業内部に蓄積される内部情報処理特性（社員のモチベーション）に影響を与えることが本研究で初めて明らかにされた。中小企業にとって信用力を獲得し、外部において蓄積させるのは、難しい。なぜならば、膨大な時間と相当なコストを要するからである。それを公的機関のお墨付きをもらうことで、コストと時間を限りなく少ない形で信用力を獲得できる。お墨付きの効果は、さきほどのケアマネジャー、病院、高齢者住宅を探す利用者に留まらない。

　以上の事例分析および考察からTR事業の効果は次の2つに整理できよう。

　第一に、TR事業により市場志向という組織文化が醸成され、その中でもとりわけ部門間調整に効果があることである。第二に、TR事業が、技術導入ルート（環境情報）、社員のモチベーション（内部情報処理特性）、中小企業がもたない信用力（企業情報）という企業の外部と内部の両方に対して、企業特異性が高い情報的資源の獲得に効果があることである。

　以上から、TR事業は今後のわが国の地方自治体による中小企業イノベーション支援政策のひな形となる意義をもつ政策であることがわかった。

　笑美面社の事例研究をここでまとめておこう。市場志向及び情報的資源の分析フレームワークを用いて、TR事業の効果の検証を試みた。その結果、TR事業は、市場志向を定着させ、市場志向的組織へと変化を促す効果があった。さらに、専門家による情報的資源の提供、特に、技術導入ルートの提供、モチベーションへの寄与、信用力の補完などにより、地域中小企業に対して、国内市場の開拓の実現との効果が明らかとなった。なお、質問票調査では最終成果もたずねている。対象プロジェクトについて、「黒字化」は「ある程度高まった」、「引き合い・問い合わせ」と「売上」で「たいへん増えた」、「成功の見通し」と「プロジェクトの継続性」で「たいへん高まった」との回答を得た。

　以上の検証結果から、TR事業は中小企業のイノベーション促進政策として、

中間成果である市場志向を醸成し、情報的資源を提供することで、最終成果につなげており、一定の効果を発揮していると結論づけることができる。

3-6 ┃ パイロット調査の事例研究②　株式会社I&C

　分析対象とする新規事業（イノベーション）の事例は、TR事業が育成支援している(株)I&Cの新事業である電動昇降洗面台「(商品名：LAP)」である。以下、この新事業を「LAP事業」と略称する。この新事業は、TR事業から2013年度に認定を受けている。

　分析対象とした理由については、既に3-3にて2点述べた。その第二の理由として事前調査からTR事業の他の認定企業と比べて、情報が豊富で得られやすいことを挙げたが、I&C社の場合、それは他の事例研究で対象とする2社と比較しても、一層際立っている。例えば、TR事業を所管する大阪市経済戦略局発行の一般向け冊子「Top Runner's File 2013」に掲載されている「成果事例集」で、I&C社の抱える課題と、その課題に対する具体的なハンズオン支援内容が説明されている。また「Top Runner's File 2014」の巻末では、支援の効果について、TR事業認定企業から「トップランナーズボイス」として3名が紹介され、そのうちの一人がI&C社長であった。さらに「日経テレコン21」のデータベースで調査すると、I&C社のLAP事業について、日本経済新聞（2014年6月23日、2015年3月24日、2015年11月16日、2017年5月22日）、朝日新聞（2017年6月28日）、日経産業新聞（2018年4月27日）と多くの新聞記事を確認することができた。加えて、2018年には「EYアントレプレナー・オブ・ザ・イヤー　2017ジャパン」[30]の関西代表アントレプレナーにI&C社の佐田幸夫社長が選出され、同年に経済産業省の「中堅・中小企業等イノベーション創出支援プログラム（飛躍　Next Enterprise）」にも選出さ

---

[30] 「アントレプレナー・オブ・ザ・イヤー」とは、EYジャパンが主催する新しい事業領域に挑戦するアントレプレナーの努力と功績を称える国際的な表彰制度（以上は、EYのwebサイトより）。

れている。

　(株)I&C（本社：大阪市、代表取締役社長：佐田幸夫氏）は、2008年12月設立、従業員は14名、資本金1億2,500万円（資本準備金含む）、売上5億円（2017年11月期）、大阪本社のほかに、東京、デンマーク（オーデンセ市）、米国（ニューヨーク市）にも拠点を構える。事業内容は、Robotics design furniture LAP（電動IoT家具）・住宅設備・建材開発、販売家具・インテリア製品の販売、別注家具の設計、製作、施工、木製建具の設計、製作、施工、インテリア・空間デザインである（以上は、I&C社のwebサイト、会社案内より）。

　I&C社はもともと一般住宅だけではなく、寺院や店舗、オフィスからの特注の家具を手掛けてきた。また、例えば、信州大学と共同で、耐震性の高い収納家具を開発するなど、特徴のあるこだわり家具を提案してきた。こうした中でのノウハウが新製品開発に活かされている（以上は、「検索　個性派企業I&C」：日本経済新聞、2015年3月24日より）。

　LAPとは、簡潔に言えば、電動で高さを変えられる洗面台である。電動昇降により、子ども、大人、高齢者、介護者まで使用可能な洗面台である。LAPにはセンサがつけられており、自動的に検知して高さの調整も可能である。高さが65〜110cmまで1mm単位で上下し、利用する人の身長や体勢に合わせることができて誰にとっても使いやすいため、病院や介護施設だけではなく、在宅介護にも役に立つ。利用者の利便性を向上させ、在宅、病院、介護の現場などあらゆる場面で、腰や背中が曲がった方や車いすの方の洗面行為における自立性も促進する。自立性が促されれば、介護者の負担は軽減する。こうしたことから、社長の佐田氏は「人に寄り添う洗面台」と説明する。すなわち、私たちが洗面台に合わせるのではなく、洗面台が私たちに合わせてくれるとの意味である。「人に寄り添う」は、I&C社の事業展開のキーコンセプトとなっている。

　LAP開発の経緯は次の通りである。最初のきっかけになったのは、特別支援学校の仕事をI&C社が全部受注したことである。たまたま、調理実習台が一台あった。お盆と幅が1m少しの小さなもので、高さ調整ができるが10cm

程度の少し動くもので、価格は 350 万円だった。そこで、価格について気になり、ある商社からいろいろ情報をたぐり寄せて、メーカーにたどり着いたところ、上代 350 万円、下代 350 万円の見積もりが出てきた。これは売る気がない証拠であると考えた。これまで、メーカー自身が決めたスペックの調理実習台が採用されてきた。しかし、I&C 社という本来受注を見込んでいない会社が参入してきた。そのため、メーカーは敵対的に高い値段を提示してくる。佐田氏は「1 円も引かない、あまりにもひどい、聞いたこともない」と思ったという。

　特別支援学校の先生に、非常に高価で値段と機能とのバランスがとれていないので、「違うものに変えませんか」と単刀直入に提案した。先生の回答は「高価かもしれないが、1cm とか本当に少し動くだけで、自分で調理ができない子どもたちが自分でできる環境が作れるチャンスがあるんです」ということだった。また、「もし自宅でこんな高さを調整できるような商品があったら、親御さんの負担もかなり減るし、子どもたちも家で自立的な環境ができて、本当は理想的ですよね」という話も先生からあり、「それではやってみます」と佐田氏は即答した。1 か月缶詰めになり、デンマーク、ドイツ、スウェーデン、中国、台湾からアクチュエータ、モーターをかき集めて、試作を作った。そうすると、なんと 60 万円で、3 倍以上の可動域の電動の調理台ができてしまった。「やればできるではないか」と佐田氏は当時、強く思ったという。そこから、真剣に、本当に必要な機能とか、素材、強度とかを抽出したものを商品化して、かつ、先生が最初言っていた自宅に導入するのにハードルの低い、価格的にそんなに負担のないものを作れたら、これは絶対に価値があると考えてスタートした。これが LAP につながったのである。

　続いて、TR 事業に公募するきっかけについて述べる。TR 事業認定の前に、大阪産業創造館が開催していた福祉施設を見学して、現場の課題解決を議論する場があった。そうした見学会を大阪産業創造館の web サイトを見て知り、医療・介護領域に興味があったので、オリックスリビングの施設見学に参加した。可動するものや、自動機能があるものなど、センシングを使った商品を作ろうという思いが自分の中にあったが、見学を通じてそうした思いがさらに強

まった。その見学会でロボットの専門家に会い、自分の考えなどを話したら、TR事業の話をしてくれて、その専門家に「TR事業に申し込んでみたらどうか」と言われ、それがTR事業に応募するきっかけとなった。

　TR事業においてI&Cが期待する支援内容は、技術導入ルート、実証実験のノウハウ、海外市場の開拓の3つであった。

　1つめの技術導入ルートでは、電動昇降洗面台を電動で動かすのに必要でメンテナンスも容易なパーツを調達したいという課題を抱えていた。しかし、I&Cにはどのメーカーのものが業界でシェアがあるか、信頼性が高いかなどの知識がなかった。LAPの構成要素として重要なアクチュエータや電動のものを入手する方法についてもわからず、TR事業のハンズオン支援コーディネーターに相談した。すぐに、自社でコイルを巻いて、技術的には既成製品を買うというより独自で製造できるレベルの高い国内モーターの企業を紹介してもらった。その企業とは取引までには至らなかったが、そこをきっかけに技術導入のネットワーク作りにはとても役立ち、課題であったモーターの選定を果たすことができた。

　加えて、付加価値の高い人感センサも技術的な課題であった。ボタンを押すような煩わしい操作がなく、人の動きを感知して自動的に洗面台の高さを調整できることを実現したいと考えていた。しかし、自動化に向けたセンサ制御部に関する知見はなかった。そこで、ハンズオン支援コーディネーターに相談した結果、それでセンサ専門の会社を紹介、引き合わせをしてもらった。その会社とは共同開発を進めていくことになり、現在も共同開発の関係は継続している。TR支援によりI&Cでは弱い、社内での開発が困難な部分を補うマッチングができた。

　2つめは、実証実験のノウハウである。電動で昇降する洗面台が製品の形になったが、次の課題は、製品の性能・機能を客観的に示し、ユーザーの声を反映させることであった。しかし、実証実験のノウハウがなく、協力施設の探索も難しかった。そこで、コーディネーターに相談し、実験案作成の支援を受け、コーディネーターを通じて、検証実験協力施設の紹介を受けて、データ収集を

することができた。「データ収集では、例えば障害者の方や車いすの方に情報を出して、フィードバックしてもらい必要な企業に提供するという会社は存在する。しかし、そこに頼めば費用がかかるし、そこで得られたデータは自社で直接計測したのではなく、あくまでも間接的なデータであり、現場の生の声ではない」(佐田氏)。しかし、TR支援により施設利用者の現場での生の正直な声を聞くことができ、製品の性能・機能の改善、向上に非常に役立てられた。

　3つめは、海外市場の開拓である。佐田氏には、「もともとデザインと機能という切り口で家具・インテリア業界に新しい事業領域を作りたい」という構想があった。それで、「日本発」でできた商品や事業を海外にも展開していきたいという思いをハンズオン支援コーディネーターに語っていた。家具の業界は企業が多く、価格競争一色の業界であり付加価値の高いものは売れない。暮らしが西洋様式になっている中で、日本の家具メーカーが世界でトップをとるのは現実的には極めて難しいと佐田氏は捉えていた。

　そこで、従来からの単なる家具で勝負するのではなく、そこに新しい機能を加えること、さらに日本の市場でないと開発が困難な領域で考えた。そして、高齢化率の進んだ日本が高齢化に対する家具の市場を創れば特色もあり、日本ならではの技術ならば、海外に求められる要素がある、との考えに至った。国内市場とともに海外市場の開拓を同時進行で進めたい構想をコーディネーターに伝えた。コーディネーターはそれをくみ取り、LAPは高齢化に資する製品であるので、福祉先進国家であるデンマークを海外市場開拓のターゲットにしてはどうかと助言をした。

　TR事業の支援メンバーK氏はデンマークを視察した経験があり、デンマーク大使館とのパイプをもっていた。加えて、TR事業の広報担当I氏もデンマーク大使館の投資部長と懇意にしていた。それで、大使館の投資部長がI&Cを訪問することが実現、投資部長は強い興味を示し、国内の展示会にも見学に来た。その後、約3年間かけてデンマーク大使館との関係を構築していった。デンマーク大使館の投資部長から、「デンマークへ進出します」といってやらない日本企業は多いし、また「進出してもすぐに撤退する会社も多い」と言われ

た。デンマークは国家としての支援や認定もできるが、本当に実行できるタイミングの時に声をかけてとの助言を受けた。半年ごとにデンマークの担当者との面談を続けることで、本気で進出する気持ちが相手に伝わり、信用も築いた。そして、デンマーク外務省の国家プロジェクト認定の推薦をしてもらい、デンマークのオーデンセ市の大学内のイノベーション施設で事務所を格安で借りる支援をしてもらい、現在に至る。デンマークのオーデンセ市に決めた理由を佐田氏は、「いくつかの市を訪ね、自治体の担当者と話しをしていく中で、ロボットクラスターの集積地があり、かつ日本からの多くの企業の進出拠点にもなっているからです」と述べている。

　現在までのLAPの販売実績は、2013年に三重県津市の高齢者施設「虹の夢津」では、各居室に1台、全60台が導入されたのを皮切りに、2017年6月までに約1,600台、2017年秋に発売した最新モデルは、2018年4月時点で国内の介護施設や病院などで、400台以上採用され、台湾や中国からも引き合いがきている。価格は、20万円台である。

3−6−1　事例分析の結果

　表10は、I&C社のTR事業活用後の変化を示したものである。内容は、I&Cへの2回のインタビューと質問票調査の結果をまとめたものである。

　分析の結果、市場志向については、顧客志向、競合他社志向、部門間調整とTR認定後にはっきりと変化が確認できる。また、情報的資源についても、TR認定後にはっきりとした変化を確認できる。

3−6−2　考察

　市場志向から考察すると、TR認定後に明らかに変化が確認できる。河野（1988）は、中小企業がイノベーションを創出する際に必要とされるのは、新事業にふさわしい企業文化の醸成とした。本研究では、既述したように市場志向を組織文化であるとする定義（Narver and Slater, 1990）を採用している。TR事業認定前後での市場志向の変化について「全くなし」を0、「少し」を1、

表10　大阪トップランナー育成事業の活用後の変化（I&C社の事例）

構成概念	構成概念の内容	TR事業活用後
市場志向	【顧客志向】	
	顧客に対するコミットメント	たいへん増えた
	顧客価値の創造	たいへんするようになった
	顧客ニーズの理解	たいへん深まった
	顧客満足度を目標	かなりするようになった
	顧客満足度の測定	かなりするようになった
	購入後のアフターサービスの充実	かなりするようになった
	【競合他社志向】	
	セールス・パーソンたちによる競合他社の情報共有	かなりするようになった
	競合他社の行動への素早い対応	かなりするようになった
	トップマネージャーによる競合他社の戦略についての議論	ある程度するようになった
	競争優位構築のための機会をうかがう	かなりするようになった
	【部門間調整】	
	部門を問わず顧客の要求にこたえる	かなりするようになった
	部門を問わない情報共有	かなりするようになった
	戦略について部門での統合	かなりするようになった
	すべての部門が顧客価値の向上	かなり努めるようになった
	他の部門とのさまざまな資源の共有	かなりするようになった
情報的資源	技術導入ルート	たいへん広がった
	技術力	たいへん向上した
	広告のノウハウ	たいへん向上した
	プロジェクト遂行能力	たいへん高まった
	事業計画策定能力	たいへん高まった
	外部ネットワーク	たいへん増えた
	社員のモチベーション	たいへん高まった
	資金調達力	たいへん高まった
	製品・サービス開発	たいへん成功した
	プロモーション機会	たいへん増えた
	事業化スピード	たいへん早まった
	市場情報の獲得ルート	たいへん広がった
	販路開拓	たいへん広がった
	信用力や知名度	たいへん高まった

「ある程度」を2、「非常に高まった」を3とする0～3の4段階で、インタビューにおいて質問したところ、「市場志向は、0から3と非常に高まった」との回答を得た。

インタビューから、顧客ニーズの理解が大変深まったことが確認できた。具体的には、一企業が介護施設、病院、デイサービスに商品を持ち込んで、何日間にもわたりカメラで撮影し、モニタリングや実証実験は通常できない。そこをTR事業という公的機関のお墨付きを伴う支援を経て、三か所の施設にて実証実験を行うことができた。施設の中には、当時最も成長し、全国展開していたデイサービスの施設も含まれていた。実際に施設に来られている方に、洗面台を使うときに、使いやすい高さで試してもらい、ちょうどよい高さになったところで止まってもらって、肘の高さを100人程度計測し、データをとった。その理由は、身長、腰が曲がっているかどうか、肘の高さ、どの高さが体に負担なく使いやすいかを把握したかったためである。データを分析すると、意外にも高さの数値が高い方に集まることが明らかになった。ここから台は低い方が使いやすいというそれまでの想定が正しくないことがわかり、商品開発が一気に変わった。

次に情報的資源について考察すると、全体としてすべての項目でTR認定後の変化が確認できた。具体的には、先に述べたTR事業においてI&C社が期待する支援内容で、技術導入ルートの獲得があり、それにより製品の核となるモーターやセンサの問題を解決できる業者との関係構築が可能となった。

また、TR事業認定をきっかけに外部ネットワーク、とりわけ人脈が非常に広がり、監査法人、証券会社など協力者が一気に増えた。そうした協力者からは、事業計画策定に対して意見や助言をもらい、洗練していくことができている。また、TR事業認定がきっかけで、トーマツベンチャーサポート株式会社、野村證券株式会社の2社が幹事となり開催するベンチャー企業と大企業の事業提携を生み出すことを目的としたピッチイベントにも、参加できるようになり、対外的にも注目されるようになった。

信用度・知名度については、TR事業認定後には、国内、海外でその効果がみられる。国内では、日本経済新聞、日経産業新聞、朝日新聞に加え、東洋経済オンライン、NHKやテレビ東京系列の番組でもLAP事業が取り上げられ、知名度を大幅に向上させている。一般的に中小企業は知名度が低い。知名度を

向上させようとしても、経営資源の制約から知名度を高めるために宣伝・広告費に多くの資源をつぎ込めないという現状がある。こうしたところに、費用をかけずにマスメディアに取り上げられ、知名度を上げることの効果は殊更大きく、TR 事業認定による効果が大きい。海外では、既に述べたように、デンマークにおいて外務省の国家プロジェクト認定、展示会出展も TR 事業を行う大阪市のお墨付きによる信用があり実現できた。認定を受けたことから対外的な信用を得ることができ、そのことが海外市場の開拓などで有利に働いている効果を確認できる。

　こうした信用力・知名度について、Baum and Oliver（1991, 1992）による著名効果（お墨付き効果）の研究がある。これについては既に 3 − 5 − 2 で述べ、繰り返しになるが、医療・福祉サービス組織に対して、サービスに関する資格を認定する公的機関のお墨付きによる正統性を獲得することで、創業してから日が浅い組織の成長プロセスにおける廃業率を低くする効果があることを示している。

　国内の研究では、伊藤（2016）は、キヤノンの新規事業開発の 5 つの事例分析から、4 つの事例で重要な資源獲得のための意思決定の正当化の論理として、社外の著名企業や組織からのお墨付きの事実を確認した。新規事業開発において、意思決定主体がプロジェクトについて、社外の経済主体の著名であることによる技術やニーズ（事業性）の評価の信頼性の高さと、さらに経済的地位や社会的地位を参照・利用することで、資源獲得の正当化プロセスを実現することを示し、それを「お墨付きの論理」と呼んだ。こうした先行研究より、外部によるお墨付きが信用力獲得の有力な手段の 1 つであることがわかる。

　TR 事業を実施する大阪市は自治体であり、著名さをもつ。つまり、公的機関として信用があり、名前が知れ渡っている。TR 事業の支援の中で、認定企業は大阪市のお墨付きと有名さの恩恵、すなわち情報的資源を獲得している。つまり、著名効果を通じて情報的資源の 1 つである信用力を享受し、市場開拓や顧客開拓につなげている。

　以上までの事例分析から TR 事業の効果は次の 3 つに整理できよう。

第一に、TR事業により市場志向という組織文化が醸成されることで、事業の起点として顧客ニーズの理解を位置づける姿勢になった。それは、「作ったものを売る」との論理ではなく、施設におけるモニタリングや実証実験を通じ「顧客ニーズに合う売れるものをいかに作るか」という論理のもとで事業を展開していく組織へと変化する効果があった。

　第二に、TR事業の技術導入ルートに関する支援により、専門家がモーターやセンサなどの技術に優れた企業の情報を提供し、電動昇降洗面台のコア技術となる部分の問題を解決した。また中小企業がもつことが難しい実証実験のノウハウをコーディネーターが提供した。ここに、技術導入ルート及び実証実験ノウハウという情報的資源の獲得を確認できる。

　第三に、TR事業が、中小企業が十分にもたない信用力、知名度の獲得を促進した。これにより、国内だけではなくデンマークでの市場開拓の実現という効果がもたらされた。ここに、信用力および販路開拓という情報的資源の獲得が確認された。

　以上から、TR事業は今後の自治体による地域中小企業のイノベーション支援政策の模範となる可能性をもつ意義ある政策であることがわかった。

　それではI&C社の事例研究をまとめよう。市場志向及び情報的資源の分析フレームワークを用いて、TR事業の効果の検証を試みた。その結果、TR事業は、市場志向的組織へと変化を促し、組織文化として市場志向を根付かせた。さらに、専門家による情報的資源の提供、本事例に従えば特に、技術導入ルートの提供、実証実験ノウハウの提供、信用力の補完などにより、中小企業に対して、海外市場開拓の実現という効果が明らかとなった。質問票調査では最終成果についてもきいている。売上は「ある程度増えた」であったが、引き合い・問い合わせは「たいへん増えた」、成功の見通し、事業の黒字化、事業の継続性はいずれも「たいへん高まった」との回答を得た。

　以上の検証結果から、TR事業は中小企業のイノベーション促進政策として、中間成果である市場志向を醸成し、情報的資源を提供することで、最終成果につなげており、一定の効果を発揮していると結論づけることができる。これは、

笑美面社の事例研究と同じ結論である。

3-7 ┃ パイロット調査の事例研究③　ムラテックシステム株式会社

　分析対象とする事例は、TR 事業が育成支援しているムラテックシステム株式会社の新規事業（イノベーション）である。分析対象とする新規事業（イノベーション）の事例は、「スマート見張り隊」である。この新事業は、TR 事業から 2013 年度に認定を受けている。分析対象とした理由については、3-3 で既に説明した。

　ムラテックシステム株式会社（本社：大阪市、代表取締役社長（当時）：森秀樹氏）（以下、ムラテック社）は、1997 年 1 月設立、従業員は 5 名、資本金 4,000 万円、売上 1 億 5,600 万円（2018 年 3 月期）。事業内容は、OA 機器部門と新規事業部門がある。OA 機器部門では、FAX・複合機・電話機器等の販売と保守。新規事業部門では、IoT 無線・センサネットワークシステムの開発と販売である（以上、質問票調査および会社概要より）。

　本研究で着目する事業は、TR 事業のプロジェクト認定を受けた新規事業部門の「スマート見張り隊」事業である。ムラテック社は、京都に本社を構える村田機械株式会社の 100％子会社である。村田機械の創業は 1935 年、京都西陣で繊維加工を行っていたのが会社のルーツで、繊維機械が世界的発明となり会社拡大の原動力となった。事業内容は、繊維機械、ロジスティクス・FA システム、クリーン搬送システム、工作機械、情報機器、制御機器、通信機器の製造販売である。

　TR 事業による認定に伴う支援を受けた「スマート見張り隊」とは、無線ネットワーク規格「Z-WAVE」[31] を用いて、電気の「見える化」や家電の「自動化」に必要なセンサやスイッチを組み合わせて省エネ、ホームセキュリティ、家族

---

[31] 「Z-WAVE」とは、ホームコントローラー用に生まれた欧州を中心に世界中で普及が進む無線通信規格のこと。Z-WAVE アライアンスに参画するメーカーは世界で 700 社を超え、「Z-WAVE」の認証済み製品が世界で約 2,400 アイテム販売されている。

を見守るシステムを指す。例えば、外出先からスマートフォンで使用電気量を確認できるため、独り暮らしの高齢者が「夏場にエアコンを使っていない」ことをリアルタイムで気づくことができる。また電気機器のオン・オフの操作ができるため、外出先で電気の消し忘れに対応できたり、帰宅前にエアコンを入れたりもできる。

　Z-WAVEの一番の強みは、Z-WAVE対応機器であれば、異なるメーカー製品間でも相互通信が可能なことである。これは日本では大きなメリットとなる。なぜならば、世界では家電メーカーが違っても無線通信で相互につながるのが絶対条件であるが、日本ではそうではないからである。

　スマート見張り隊の開発経緯は次の通りである。森氏が2011年3月11日東日本大震災の前後、欧州に出張していた時のオランダの空港での出来事である。一人で空港の待合室で搭乗を待っていると、陽が照ってくると同時に、サッと自動的にブラインドが上がっていくのを目にした。周りを見たら誰もいないため、「これは何かセンサがあるだろう」と考えた。「これを是非やりたい」というのに加え、東日本大震災で節電の機運が非常に高まり、「節電はセンサで自動でやれたら進む」と考えたことも契機となり、スマート見張り隊へとつながった。

　次にTR事業に応募するきっかけについて述べる。森氏は2011年に村田機械本社の事業部長を退任し、スマート見張り隊の構想をもって「自分で新規事業をやりたい」との思いから、一番小さい子会社に行きたいと自ら希望を出し、3代目社長としてムラテック社へ異動した。異動後の2011年10月から年間50〜60回、大阪商工会議所、大阪産業創造館、Collabos 316（中小・ベンチャー企業のコラボレーション・支援組織）などが主催する省エネルギー、介護、セキュリティ、IoT関係のセミナーや展示会に限り徹底的に参加した。セミナーはただ参加するだけではなく、自分の考え方が間違っていないかの確認も兼ねて、できるだけ前に座って、手を挙げて質問する、意見を言うことに徹し、それがTR事業事務局の人の目にとまった。マッチングにも積極的に参加し、2011年12月に保険調剤事業などを手掛けるファルメディコ社というマッチン

グのニーズ先に対する新規事業内容の発表を TR 事業事務局を兼任する担当者も聞いていて、「TR 事業に応募してみてはどうか」と言われ、応募のきっかけとなった。その際、森氏は TR 事業の対象は中小・ベンチャー企業だと考えていたため、村田機械を親会社にもつムラテック社は無理だと考えていた。そこで大阪市に諮ってもらったところ、親会社の 100％子会社でも応募には問題がないことが確認された。

　TR 事業においてムラテック社が期待する支援内容は、外部とのネットワーク、販路開拓、信用力・知名度の 3 つであった。1 つめの外部とのネットワークについては、大阪市から露出できる場を与えてもらえることで、大変増えている。TR 事業の展示会は、大阪市が多方面に葉書などで案内をし、中身が濃いため朝から終わりまで盛況になる。大阪市は集客のため複数日開催をせず、あえて一日開催にしている。こうした展示会で大阪府の支援担当者、代理店販売の可能性のある会社、共同開発するパートナー、よりよいマッチングの場の提供可能な金融機関、ベンチャー支援機関などとの外部ネットワークが拡大した。

　2 つめは、販路開拓である。森氏が社長に就任し、スマート見張り隊の新規事業をスタートさせた 2011 年 10 月から 2018 年 11 月までの引き合い・商談件数は 731 件に上る。TR 事業の支援期間では、元大手インキ会社の技術に精通したコーディネーターからの支援もあり、2013 年、2014 年では 54 件であった。具体的な商談相手は、介護、建材、賃貸住宅、ペット、金融、コンサルタント、自治体と多岐にわたり、販路開拓が大きく広がったことが確認できる。TR 事業の支援期間が終わった現在でも、元大日本インキ化学工業のコーディネーターと元パナソニックのコーディネーターから販路開拓につながる可能性のある企業を紹介してもらっている。こうした販路開拓の中で、東証一部になった建材商社の「北恵」とは正式契約を結んだ。

　3 つめは、信用力・知名度である。商談相手にスマート見張り隊のシステムを提案するときには、表題に必ず大阪トップランナー育成事業認定のマークを入れている。それに続く会社紹介とともに大阪市から認定を受けているとの説

明を入れると、相手が信用して話を聞いてくれる。これから自社のシステムを説明する前段階に大阪市からこれだけの支援を頂いているという経緯を話すことは、これ以上にない掴みとして大変助かっているという。知名度の部分では、大阪市にTR事業認定をされていることは、大阪府や近畿経済産業局にも信用の上で非常に効き目があることを展示会やセミナーなどで話して実感しているという。

　こうした信用力・知名度に関しては、著名効果（お墨付き効果）の研究があり、3-2-5において取り上げ、既に説明した。繰り返しにはなるが、伊藤（2016）では、キヤノンの新規事業開発の5つの事例分析の4つの事例で重要な資源獲得のための意思決定の正当化の論理として、社外の著名企業や組織からのお墨付きの事実を確認し、それを「お墨付きの論理」とした。この先行研究より、外部によるお墨付きが信用力獲得の有力な手段の1つであることがわかる。TR事業を実施する大阪市は公的機関として信用があり、名前が浸透しており著名である。TR事業の支援の中で、認定企業は大阪市のお墨付きと有名さという情報的資源を獲得している。すなわち、著名効果を通じて情報的資源の1つである信用力を得て、販路開拓につなげている。

　スマート見張り隊の主な採用実績は、次の通りである。東京の不動産会社「山万」が手掛け、国家戦略局や海外からの視察が後を絶たない千葉県ユーカリが丘のスマートシティのモデルハウスにパナソニック、富士通、ベンチャー企業との競合の末、採用された。兵庫県内一のビルダー「関西住宅」のモデルハウスに1年がかりで採用、パナソニックと競合したが、どのメーカーのエアコンでも制御できる点が決め手となった。京都で最大手ゲストハウス会社「レアル」が経営する京町家旅館「鈴（Rinn）」の4か所に採用されている。

3-7-1　事例分析の結果

　表11は、ムラテック社のTR事業活用後の変化を示している。この表11では、事例研究①と②では設けていなかった「変化の程度」と「変化の具体的内容」という新たな項目を加え、変化についてよりわかりやすくした。

　市場志向では特に顧客志向、競合他社志向で TR 認定後にはっきりと変化が確認できる。情報的資源についても、TR 認定後にはっきりした変化を確認で

表11　大阪トップランナー育成事業の活用後の変化（ムラテック社の事例）

構成概念	構成概念の内容	TR 事業活用後	変化の程度	変化の具体的内容
市場志向	【顧客志向】 顧客に対するコミットメント 顧客価値の創造 顧客ニーズの理解 顧客満足度を目標 顧客満足度の測定 購入後のアフターサービスの充実	ある程度増えた たいへんするようになった たいへん深まった かなりするようになった ある程度するようになった かなりするようになった	 ◎ ◎ ◎ ◎	ニーズの掘り起こし、用途開発を推進 修理以外の販売後の再訪問
	【競合他社志向】 セールス・パーソンたちによる競合他社の情報共有 競合他社の行動への素早い対応 トップマネージャーによる競合他社の戦略についての議論 競争優位構築のため機会をうかがう	 かなりするようになった かなりするようになった かなりするようになった かなりするようになった	 ◎ ◎ ◎ ◎	社長含めた全社員による毎週1回開催の勉強会を通じた業界・技術情報の共有
	【部門間調整】 部門を問わず顧客の要求にこたえる 部門を問わない情報共有 戦略について部門での統合 すべての部門が顧客価値の向上 他の部門とのさまざまな資源の共有	 ある程度するようになった ある程度するようになった 少しだけするようになった ある程度努めるようになった ある程度するようになった		
情報的資源	技術導入ルート 技術力 広告のノウハウ プロジェクト遂行能力 事業計画策定能力	ある程度広がった ある程度向上した たいへん向上した ある程度高まった たいへん高まった	 ◎ ◎	プレスリリースの本質の理解、新聞社による取り上げ リーンキャンバス手法による事業計画の整理

	外部ネットワーク	たいへん増えた	◎	展示会・セミナーを通じた人脈形成
情報的資源	社員のモチベーション	ある程度高まった		
	資金調達力	全く高まらなかった		
	製品・サービス開発	少しだけ成功した		
	プロモーション機会	たいへん増えた	◎	外部ネットワーク活用による増大
	事業化スピード	ある程度早まった		
	市場情報の獲得ルート	ある程度広がった		
	販路開拓	たいへん広がった	◎	商談件数の増加
	信用力や知名度	ある程度高まった	○	多様な顧客層、自治体、経済産業局からの信頼

きる。表11は変化の程度の著しい項目に◎を付した。ただし、信用力・知名度については、「ある程度高まった」ではあるが、ムラテック社がTR事業で期待した支援内容であるとの理由から○を付し、確認した変化の具体的内容も示した。

3－7－2　考察

　市場志向については、TR認定後に明らかに変化が確認できる。本研究では、既述したように市場志向を組織文化であるとする定義（Narver and Slater, 1990）を採用している。質問票調査では、TR事業認定前後での市場志向の中の顧客志向と競合他社志向に大きな変化が確認できた。以下では、こうした組織文化が醸成された組織に、いかなる情報的資源が提供されるとイノベーションが促進されるのかを考察する。

　情報的資源については、全体として多くの項目でTR事業の支援後の変化が確認できた。具体的には、既述したTR事業においてムラテック社が期待する支援内容で、地域における外部ネットワーク、販路開拓、信用力・知名度という情報的資源の獲得が確認された。以上までの事例分析から、TR事業の効果は次の3つに整理できよう。

　第一に、TR事業により市場志向という組織文化が醸成されることで、事業

の起点として顧客ニーズの理解を重視する姿勢になった。「こんなものがあったら欲しいという顧客ニーズを掘り起こし、用途開発する」という論理のもと、競合他社では実現できないどこの家電メーカーのものでも制御可能な遠隔自動制御プラットホームという差別化を自社の戦略として応用し、展開した。

　第二に、TR事業の支援では、認定企業に対して、コーディネーターから顧客になりうる企業の紹介をはじめ、大阪市がTR事業に関係する展示会などの多くの場を提供し、大阪府の支援担当者、代理店販売の可能性のある会社、共同開発のパートナー、マッチング場を提供する金融機関、ベンチャー支援機関との関係性を構築し、商談、引き合いへとつなげている。こうして、拡大した外部ネットワークを活用してプロモーション機会の更なる創出を図り、人脈を独自に使いこなして新たな販路開拓へと応用した。

　第三に、TR事業は、中小企業がもつことが困難な信用力、知名度という情報的資源の補完を促進した。これにより、国内における市場開拓の実現という効果がもたらされた。

　ムラテック社の事例研究をここでまとめておこう。市場志向及び情報的資源の分析フレームワークを用いて、TR事業の効果の検証を試みた。その結果、TR事業は、市場志向の要素の中でも特に顧客志向と競合他社志向的な組織へと変化を促し、組織文化として定着させた。加えて、専門家による情報的資源の提供、本事例に従えば特に、外部ネットワークおよびプロモーション機会の提供、事業計画策定能力の促進、信用力・知名度の補完などにより、中小企業に対して、販路拡大の実現という効果が見出された。質問票調査では最終成果もきいている。認定事業の売上、成功の見通し、黒字化、プロジェクト継続性の4項目ではいずれも「ある程度高まった」であった。また引き合い・問い合わせは「たいへん増えた」との回答を得たことから、最終成果については、いずれもプラスの効果があったといえる。

　以上の検証結果から、TR事業は中小企業のイノベーション促進政策として、中間成果である市場志向を醸成し、情報的資源を提供することで、最終成果につなげており、一定の効果を発揮していると結論づけてよいだろう。これは、

笑美面社、I&C 社の 2 つの事例研究と同じ結論である。

3-8 事例研究のまとめ

　笑美面社の事例研究、I&C 社の事例研究、ムラテック社の事例研究では、市場志向及び情報的資源の分析フレームワークを用いて、TR 事業認定の 3 社の事例から TR 事業の効果の検証を試みた。その結果、TR 事業は、3 社ともに組織文化として市場志向を根付かせていき、市場志向的組織へと変化を促す効果があった。

　TR 事業の支援による市場志向の醸成は、単なる営業・販売の手伝いをしているのではなく、潜在顧客をどう見つけていくかの戦略志向を身につけさせるものである。ここで、市場志向には 2 つのタイプがある（Narver *et al.*, 2004）ことを説明したい。1 つは、既存の顧客によって顕在化されたニーズに対する理解とその充足をしようと試みる志向である。こうした反応的に情報に取り組む企業は、反応型市場志向である。もう 1 つは、顧客から明確に表明されていない潜在的なニーズの理解とその充足をしようと試みる志向である。こうした先行的に情報に取り組む企業は、先行型市場志向である。この 2 つの市場志向を分けるのは、市場を認識する際の、対象、期間、学習についての相違（Narver *et al.*, 2004）である（表 12）。

表 12　市場志向の 2 つのタイプ

	対　象	期間	学　習	重視する点
反応型市場志向	既存顧客を市場として捉える	短期	即応的反応による適応的学習	現在の顧客の顕在ニーズを満たすこと
先行型市場志向	競合企業や潜在顧客からなる広い範囲を市場と捉える	長期	先行的反応による創発的学習	現在の顧客の潜在ニーズや潜在顧客のニーズの理解とそれを満たすこと

出所) Slater and Narver（1998）、Narver *et al.*（2004）をもとに作成

　TR 事業は、将来に向けてどのように売るのかというマーケティングの問題について、ともに伴走しながら支援して、認定企業に徹底的に考えさせている。TR 事業の支援における教育の本質は、中長期的に認定企業や人を育てていくことである。その意味で、TR 事業は、表12の先行型市場志向を醸成している。今までのイノベーション促進政策は、補助金・助成金型に典型的にみられるように、「これをもとにして、もの（試作品）をつくれ」という短期志向的なもので、そこには中長期的なマーケティング、つまり潜在ニーズを探求しつつ市場に意識を向け続けるという考え方はほとんどない。ゆえに、補助金による支援は受けたものの、そうした試作品の多くが、日の目を見ないまま中小企業の倉庫で眠っているということが頻繁に生じるのである。短期的にみれば、顕在ニーズの反応情報は、当面の事業の運営にとっては重要である。しかし、こうした反応型市場志向は、持続的な競争優位を築くのには十分ではない（Mohr *et al.*, 2010）。その理由には、3つある（Mohr *et al.*, 2010）。①顧客は、新技術がどんなことを可能にしてくれるのか、また、その技術が、自分たちのニーズをいかにして満たしてくれるのかがわかっていないために、そのニーズを明示的に表明することが困難である。②もし顧客がそのニーズを表明できたとしても、それは自社にとどまらず、競合他社に対しても表明される。③現在の脅威に反応するだけでは、競合他社から遅れをとってしまう。こうした3つの理由があるからこそ、先行型市場志向をもたなければ、持続的な競争優位を築けないのである。中小企業にとって、反応型市場志向は短期的にはよくても、中長期的にみれば、持続的な発展・維持にはつながらないのである。

　1-1-3で言及した小出宗昭センター長が手がける f-Biz の支援は成功している部分も多い。しかし、それは反応型市場志向の醸成まででとどまっているようにみえる。なぜならば、f-Biz における支援では（小出, 2009, 2018）、セールスポイントを見つけて、短期志向でこうして売ればよい、という部分では成果を出しているが、中長期的な視野から、潜在顧客のニーズに焦点を当てて戦略を構築していくような教育的な活動は確認できないからである。TR 事業は、「中長期的な先行型市場志向をいかにして醸成するかに、中小企業に対するイ

ノベーション促進政策の軸足の1つを動かすべきだ」と、実際の支援を通じて"宣言"していると解釈できよう。

　例えば、事例で詳しくみたように、笑美面社の高齢者住宅紹介サービス、I&C社のLAP、ムラテック社のスマート見守り隊の各事業は、顧客がまだ認識していない未来のニーズを先取りして取り組んだものといえる。すなわち、他社にも見えていない市場機会を先行して追求したのである。これは、先行型市場志向に基づいた実践に他ならない。そうした先行型市場志向をもって事業展開することにより、笑美面社は高齢者の細かな要望に合った住宅を紹介でき、I&C社は足腰が不自由な方々や車椅子使用者の洗面時での快適さを提供でき、ムラテック社はZ-WAVEという無線通信規格を用いて、日本国内では実現していなかった異なるメーカー製品間でも相互通信を可能にし、スマートシティの構築などに貢献している。これは、笑美面社、I&C社、ムラテック社の各社が、潜在ニーズを理解して発掘し、それを満たした結果として、顧客は思ってもいなかった、つまり顧客自らも気づいていなかった潜在ニーズが表出され、それを満たしている。それゆえに、顧客は価値を感じて喜ぶのである。認定企業に対して、先行型市場志向という組織文化を根付かせ、潜在顧客をいかにして開発していくかに照準を絞って支援するTR事業のような政策が、将来性豊かな中小企業を育てるのである。

　次に情報的資源についてみていこう。笑美面社の事例では、専門家による情報的資源の提供、特に、技術導入ルートの提供、モチベーションへの寄与、信用力の補完などにより、当該企業に対して、国内市場の開拓の実現との効果が明らかとなった。I&C社の事例では、専門家による情報的資源の提供、特に、技術導入ルートの提供、実証実験ノウハウの提供、信用力の補完などにより、当該企業に対して、海外市場開拓の実現という効果が明らかとなった。ムラテック社の事例では、専門家による情報的資源の提供、特に、外部ネットワークおよびプロモーション機会の提供、事業計画策定能力の向上、信用力・知名度の補完などにより、当該企業に対して、販路拡大の実現という効果が見出された。

　質問票調査の項目では、最終成果もきいている。笑美面社では、対象プロジェクトについて、黒字化は「ある程度高まった」、認定事業の売上と引き合い・問い合わせで「たいへん増えた」、成功の見通しとプロジェクトの継続性で「たいへん高まった」との回答を得た。I&C 社では、認定事業の売上は「ある程度増えた」であったが、引き合い・問い合わせは「たいへん増えた」、成功の見通し、黒字化、プロジェクトの継続性はいずれも「たいへん高まった」との回答を得た。ムラテック社では、認定事業の売上、成功の見通し、黒字化、プロジェクトの継続性の 4 項目ではいずれも「ある程度高まった」であった。引き合い・問い合わせについては「たいへん増えた」との回答を得た。このことから、最終成果については、いずれもプラスの効果があったといえる。

　また、「2017 年度版中小企業白書（p.342）」では、新事業展開の課題として、

表 13　市場志向についての評価基準と事例分析結果

（4 段階のリッカート尺度　大変：◎　ある程度：○　少し：△　全く：×）

変数		項　　　　目	TR 事業による支援後の変化			
			笑美面社	I&C社	ムラテック社	3社での変化度合評価
市場志向	顧客志向	顧客へのコミットメント	◎	◎	○	☆☆
		顧客価値の創造	◎	◎	◎	☆☆☆
		顧客ニーズの理解	◎	◎	○	☆☆☆
		顧客満足度を目標	◎	◎	◎	☆☆
		顧客満足度を測定	◎	◎	○	☆☆
		購入後のアフターサービスの充実	△	◎	◎	☆☆
	競合他社志向	競合他社の情報共有	△	◎	◎	☆☆
		競合他社行動への素早い対応	×	◎	◎	☆☆
		競合他社戦略についての議論	△	◎	◎	☆☆
		競争優位構築の機会	◎	◎	◎	☆☆☆
	部門間調整	部門を問わず顧客要求にこたえる	○	◎	○	☆
		部門を問わない情報共有	◎	◎	○	☆☆
		戦略について部門での統合	◎	◎	△	☆☆
		全部門で顧客価値の向上	◎	◎	○	☆☆
		他の部門との資源共有	○	◎	○	☆

表14　情報的資源についての評価基準と事例分析結果

（4段階のリッカート尺度　大変：◎　ある程度：○　少し：△　全く：×）

変数	項　　目	TR事業による支援後の変化			
		笑美面社	I&C社	ムラテック社	3社での変化度合評価
情報的資源	技術導入ルート	◎	◎	○	☆☆
	技術力	○	◎	○	☆
	広告のノウハウ	◎	◎	◎	☆☆☆
	プロジェクト遂行能力	◎	◎	○	☆☆
	事業計画策定能力	◎	◎	◎	☆☆☆
	外部ネットワーク	○	◎	◎	☆☆
	社員のモチベーション	◎	◎	○	☆☆
	資金調達力	◎	◎		☆☆
	製品・サービス開発	◎	◎	△	☆☆
	プロモーション機会	△	◎	◎	☆☆
	事業化スピード	◎	◎	○	☆☆
	市場情報の獲得ルート	◎	◎	○	☆
	販路開拓	◎	◎	◎	☆☆☆
	信用力や知名度	◎	◎	○	☆☆

　第一に、技術・ノウハウを持つ人材の不足、販路開拓の難しさ、コスト負担等、第二に、「市場ニーズの把握、自社の強みの活用」、「情報発信」といったマーケティングに関する取組状況の違いが新規事業の成否の差につながる可能性、第三に、経営資源に限りのある中小企業が単独での解決は難しく、他企業や専門機関との連携等外部の経営資源の活用を挙げている。こうした白書の記述からも、中小企業の支援ニーズに適合する形でのTR事業は、自治体の支援目的にも合致した効果を挙げていると判断することができる。

　TR事業の支援により、3社ともに中間成果としてほとんどの市場志向（顧客志向・競合他社志向・部門間調整）および情報的資源に著しい変化がみられる。また、最終成果にも、変化が確認できる。支援により、中小企業が市場志向を組織に根づかせ、情報的資源を獲得することで、最終成果（引き合い・問い合わせ、売上、成功の見通し、黒字化、事業の継続性）に影響を与えている

ようである。3社の事例研究から得られた市場志向および情報的資源についての評価基準と事例分析ついてまとめたものが、表13、表14である。また、表13、表14の「3社での変化度合評価」では、変化の程度が最も著しい◎が付いた企業数に応じて、☆印を付した。

表13からは、TR事業の支援により市場志向（顧客志向・競合他社志向・部門間調整）のほとんどで変化がみられ、組織文化として根付いていることが確認できる。表14からも、TR事業の支援により情報的資源のほとんどで変化がみられ、情報的資源を獲得していることが確認できる。これはTR事業の支援による中間成果といえる。そして、こうした中間成果を得たことで、最終成果にどのような変化がもたらされたのかを示したのが、表15である。

表15　最終成果についての評価基準と事例分析結果

（4段階のリッカート尺度　大変：◎　ある程度：○　少し：△　全く：×）

	引き合い・問い合わせ	売　上	成功の見通し	黒字化	事業の継続性
笑美面社	◎	◎	◎	○	◎
I&C社	◎	○	◎	◎	◎
ムラテック社	◎	○	◎	○	○

最終成果についての結果をみると、3社ともに中間成果を獲得したことで、自社の最終成果にプラスの効果が出ていることがわかる。

3-9 ┃ 作業仮説の検証と仮説設定

大阪トップランナー育成事業（TR事業）の支援により、3社ともに中間成果としてほとんどの市場志向（顧客志向・競合他社志向・部門間調整）および情報的資源に著しい変化がみられる。また、最終成果にも、変化が確認できる。支援により、中小企業が市場志向を組織に根づかせ、情報的資源を獲得することで、最終成果（引き合い・問い合わせ、売上、成功の見通し、黒字化、事業

の継続性）に影響を与えているようである。

　以上のパイロット調査における事例研究の結果により、先行研究の不十分さを補い、作業仮説で予想された「中小企業支援政策により、効果として市場志向を根づかせて、その上で情報的資源を提供すれば、最終成果につながるのではないか」が観察された。したがって、作業仮説は一定程度検証され、仮説として設定できる。

　パイロット調査の事例研究によって作業仮説を検証し、その上で設定した仮説は次の通りである。

> 仮説：中小企業政策により、市場志向と情報的資源という中間成果がもたらされ、最終成果につながるのではないか

　以下では、この仮説について次の点に焦点を当てて検証を進める。

中間成果と最終成果との間にいかなる関係があるのか

　中間成果とは、市場志向の醸成と情報的資源の獲得である。最終成果とは、引き合い・問い合わせ、売上、成功の見通し、黒字化、プロジェクト継続性である。この2つの成果間の関係性について検証していくのが定量分析の中心問題となる。

第4章

研究目的と研究方法

4-1 研究目的

　研究背景および問題意識、先行研究、パイロット調査を踏まえ、自治体による中小企業支援政策の中でも、中小企業が新規事業（イノベーション）に向かう際の支援政策の効果を明らかにする。本論考では、自治体大阪市のイノベーション促進政策を取り上げ、支援対象の中小企業に対する質問票調査を行い、市場志向および情報的資源の視点から、支援政策の効果について仮説を検証する。

4-2 研究方法

　本研究では、社会科学の研究で広く用いられている手法である、インタビュー調査に基づく事例研究による定性分析と質問票調査による定量分析とを組み合わせて用いている。組み合わせて用いることで、仮説設定から仮説検証へと調査が精緻化できる。こうした、インタビュー調査のような質的方法と質問票調査のような量的方法を組み合わせた研究は、混合研究法（mixed methods research）といわれている（中村, 2007）。インタビュー調査の目的は、少ないサンプルを対象とした調査で、対象者の生の声を詳しく聞くことで、行動についての実態を知り、それらを分類し、相互の関連性・因果関係についての仮説設定をする場合に用いられる（酒井, 2002）。事例研究とは、リサーチ戦略の1つであり、「どのような」または「なぜ」という問題が提示されている場合、研究者が事象をほとんど制御できない時の場合、現実の文脈における現象に焦点がある場合に望ましい（Yin, 1994）。また、事例研究は、定量的証拠と定性的証拠の混合を基礎とすることができる（Yin, 1994）。インタビュー調査に基

づく事例研究は、行動の定性的把握、関連性・因果関係に関する仮説の定性的な解明・検証に適している。

質問票調査の目的は、本研究に即していえば、ある事象や行動の因果関係を定量的に説明する、施策に対する評価を定量的に記述するということになる（酒井, 2002）。質問票調査は、関連性・因果関係に関する仮説の定量的な解明・検証や施策の事前事後の効果比較にも適している（酒井, 2002）。関連性・因果関係を表す2つ以上の変数で表現された仮説を設定し、尺度を決め、データを収集して定量的に分析し、仮説の検証を試みる。

4-3 研究枠組み

大阪市の大阪トップランナー育成事業（TR事業）は、中小企業に対して組織文化や直接的に活用できる資源のインプットを促す支援政策であり、支援の中間成果として当該企業の市場志向の醸成および情報的資源の獲得につながる。そして、中間成果が、最終成果（引き合い・問い合わせ、売上、成功の見通し、黒字化、事業の継続性）へとつながる。こうした研究枠組みを示すと図2になる。

図2　研究枠組み

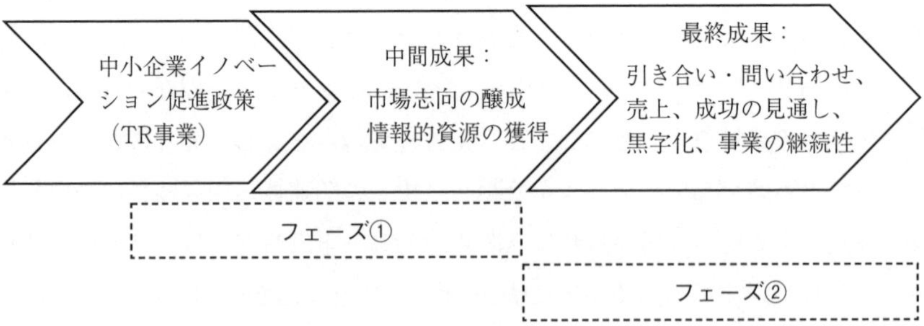

フェーズ①では、イノベーション（新規事業）促進政策による支援が、当該企業の新規事業を促進するために、支援先企業における中間成果として市場志

向を醸成し、情報的資源を提供する。次にフェーズ②では、当該企業が市場志向的組織となり、その上で情報的資源を獲得して、こうした中間成果が最終成果にいかに影響しているのかについてのメカニズムをみていく。

4-4 ┃ 仮説の設定

　先行研究から、中小企業支援政策の効果について、「中小企業政策の支援により、中小企業が市場志向を根づかせて、情報的資源を獲得できれば、最終成果につながるのではないか」という仮説が設定された。しかし、既述したように、この仮説には、次の問題点がある。第一に、中小企業政策の効果の先行研究では、研究・技術開発への補助金など直接支援についてのものが多く、間接支援の効果を明らかにした研究は、極めて少ない点。第二に、間接支援の効果として、市場志向の醸成および情報的資源の提供という指標を中小企業政策の効果の研究フレームワークに用いた先行研究は、調べた限りでは確認できない点。以上の2つの問題点から、先行研究だけでは情報量として足りているとは考えにくく、検証に向かえる仮説としての根拠が薄いとできる。そこで先行研究から設定された仮説は、作業仮説と位置づけ、パイロット調査による作業仮説の検証を待ってから、3-9で述べたように仮説を設定した。こうした手順

図3　作業手順

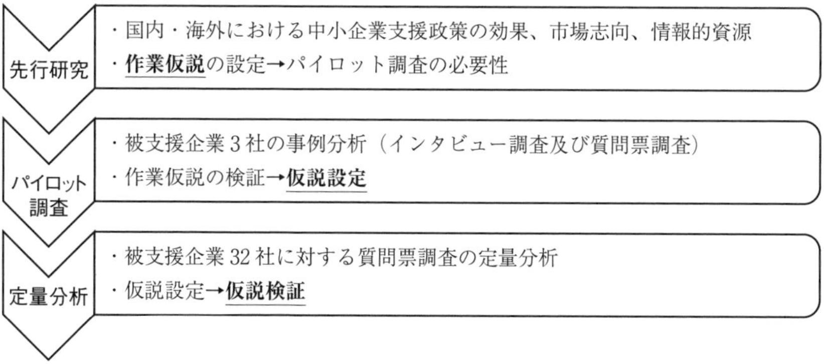

先行研究	・国内・海外における中小企業支援政策の効果、市場志向、情報的資源 ・**作業仮説**の設定→パイロット調査の必要性
パイロット調査	・被支援企業3社の事例分析（インタビュー調査及び質問票調査） ・作業仮説の検証→**仮説設定**
定量分析	・被支援企業32社に対する質問票調査の定量分析 ・仮説設定→**仮説検証**

を示したのが、図3である。

4-5 │ 質問票調査の方法

4-5-1　質問調査票

　中小企業支援政策の効果を明らかにするために、政策の中間成果の指標となる「市場志向」と「情報的資源」を変数とした。市場志向は、「顧客志向」、「競合他社志向」、「部門間調整」の3要素から成る。顧客志向は、「顧客に対するコミットメント」、「顧客満足度を目標にする」、「顧客満足度を測定する」、「顧客価値を創造する」、「顧客ニーズを理解する」、「購入後のアフターサービスを充実させる」の6項目である。

　競合他社志向は、「セールス・パーソンたちによる競合他社の情報共有」、「競合他社の行動への素早い対応」、「トップマネージャーによる競合他社の戦略についての議論」、「競争優位構築のための機会をうかがう」の4項目である。

　部門間調整は、「部門を問わず顧客の要求にこたえる」、「部門を問わない情報共有」、「戦略について部門での統合」、「すべての部門が顧客価値の向上を図る」、「他の部門とのさまざまな資源の共有」の5項目である。

　情報的資源の項目は、「技術導入ルート」、「広告のノウハウ」、「プロジェクト遂行能力」、「事業計画策定能力」、「外部とのネットワーク形成」、「社員のモチベーション」、「資金調達力」、「製品・サービス開発」、「プロモーション機会」、「事業化スピード」、「市場情報の獲得ルート」、「信用力・知名度」、「技術力」、「販路開拓」の14項目である。

　そして、最終成果の指標となる、「引き合い・問い合わせ」、「売上」、「成功の見通し」、「黒字化」、「プロジェクトの継続性」を変数とした。

　質問票調査の回答は、市場志向、情報的資源、最終成果の各変数に対して、4段階のリッカート尺度での回答とし、「大変高まった」のように変化の程度が最も著しいもの、「ある程度」、「少しだけ」、「全くなかった」と設定した。

4−5−2　調査対象

　調査対象は、大阪市経済戦略局が所管・運営する「大阪トップランナー育成事業」がスタートした2013年から2017年度に認定された、中小企業54社である。質問票調査の対象として54社を選定した理由は、支援による効果は即座に出るものではなく、一定期間を必要とするが、54社に対する2年間の支援が終了し、支援後2年以上経過しており、政策効果を検証する対象として適切であると判断したからである。

　大阪トップランナー育成事業（TR事業）の概要を説明する。TR事業は、大阪市が予算を確保し、事業の大枠の提示をする。そして運営面も含めて事業の企画提案を公募し、公益財団法人大阪市都市型産業振興センターに委託するという形式を採っている。中小企業がTR事業の対象となるにはいくつかの要件がある。おおさかトップランナーClubの会員であり、なおかつ大阪市内に本社または事業所があること、新事業展開を実現する企業等であること、認定を目指すプロジェクトに対して公的助成の獲得実績があることなどの条件を満たす必要がある。そして、TR事業による支援対象企業の認定基準は3つあり、①ビジネスプランの有望性、②ビジネスプランの実現可能性、③地域等への貢献度である。TR事業が支援の対象とする事業分野はライフ（健康・医療・介護等）分野およびグリーン（環境・エネルギー等）分野を中心とした成長産業分野において、新たに製品・サービスの開発・市場化をめざす事業プロジェクトである。2016度年からは特定の産業分野という制約をなくし、将来、成長が見込めるすべての産業分野となった。医療・介護・健康分野に加え、IoT、ビックデータ、AI、観光などが対象プロジェクトとして挙げられている。対象となるプロジェクトは、新規性があること、売上拡大が期待できること、市場投入段階もしくは市場開拓段階にあるものとされる。

　こうしたプロジェクトの中から、大阪市が認定した事業プロジェクトに対して、大阪市都市型産業振興センターの職員、外部の専門家がコーディネーターとして伴走し、その他の専門家とも連携しながら、それぞれの中小企業の事業プロジェクトに応じたオーダーメイドの細かな支援を継続し、中小企業の新事

業の創出や認定されたプロジェクトの新規事業化を促進する。TR事業の認定企業数（2013〜2017年度）は54社、ここ数年では毎年10件程度認定され、予算額は70,984千円（2017年度）である。

　以上で説明してきたTR事業について、整理したものを図4で示す。

図4　大阪トップランナー育成事業の概要

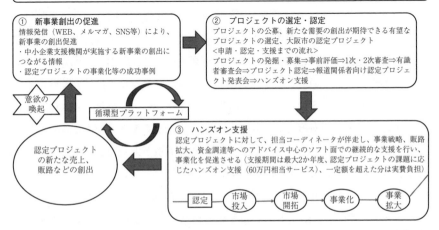

出所）大阪市経済戦略局「大阪トップランナー育成事業」資料及び「大阪トップランナー育成事業」
　　　Webページをもとに作成

　認定された企業に対して支援を行うというのは、先行研究でみたように、このTR事業が開始される2013年までの大阪市の個別企業支援の方向性とは異なる。TR事業に認定されるには審査があり、それを通過しないといけない。つまり、どの中小企業でも希望さえすれば、支援が受けられる類の支援政策ではない。大阪市の個別企業支援の実施状況で述べたように、99年基本法への改正後、大阪市で重視しているイノベーション支援は、中小企業がおかれる状況に応じて創意工夫を促すための支援として実施されており、さらにこうした支援は、中小企業のハード面の支援ではなくて、ノウハウ、技術などソフト面での支援が中心で、多種多様な中小企業の新たな取り組み（イノベーション）

支援を基本としている（本多, 2013）。こうした点では、従来の大阪市の個別企業支援の方向性を TR 事業は踏襲していると考えられる。しかし、TR 事業は成長の潜在性が高く、支援して効果が出る可能性が見込める企業に集中的に投資するという選別型の支援体制である。本多（2013）は、大阪市の個別企業支援の方向性について、成長する企業に集中的に投資するという選別型の支援体制というより、あらゆる企業を支援しようとする全方位型支援体制という性格が強いことに特徴があるとしている。そうした点で、TR 事業による中小企業の支援と TR 事業の開始以前、正確にいえば 2013 年以前の大阪市によるあらゆる中小企業を支援しようとする全方位型支援体制とは決定的に異なるのである。

　TR 事業では、市場開拓、市場投入にまで踏み込んで中小企業を支援していくところに特徴がある。さらに特筆すべきなのは、その TR 事業の支援体制である。従来型支援の特徴は、例えば、特許のことであれば弁理士を紹介する、契約関係なら弁護士を紹介する、抱える課題を解決できる技術の専門家を紹介するというように、機能別に専門家を紹介するような個別の課題解決に重点を置くいわば「たらい回し方式」である。一方、TR 事業による支援は、「司令塔方式」である。支援側がチームを組んで、司令塔を置き、1 つのプロジェクトとして支援する体制に特徴がある。つまり、TR 事業に認定された中小企業の新事業を軌道にのせるために、2 年間の支援計画のなかで、プロジェクトマネジメントの手法を用いて、プロジェクト・リーダーという司令塔のもとに綿密にスケジュールを組んで管理し、個々の課題を全体最適の視点から、ここまで到達するとの目標を明確にし、成果を出していく伴走、ハンズオン方式の支援である。TR 事業のように、支援側がプロジェクト・リーダーという司令塔を中心にしてチームを組み、トータルな形で支援していく自治体の支援の方式の例は、調べたかぎりでは、比較できるようなやり方は確認できていない。

　TR 事業の支援内容は次の通りである。事業プロジェクトの計画立案や進捗管理、事業戦略の構築支援、資金調達支援、知的財産支援、製品・サービスの開発促進支援、マーケティング・販路開拓支援、展示会の出展支援、海外展開

支援、実証実験実施支援などがある。TR 事業は先進的で意欲の高い企業を対象として、成長産業分野を牽引する事業者に育成し、大阪経済の成長に寄与することを目的としている。TR 事業は、支援事業の発掘、育成方法、事業者向けの教育プログラムが非常に充実しており、近年の自治体による事業化支援政策において本格的である（名取, 2017）。

4−5−3　質問票調査の実施方法と有効回答

　TR 事業の認定企業 54 社に対して、質問調査票を添付した電子メールを 2018 年 10 月から 11 月にかけて送信した。未回答企業を対象に、質問調査票を添付した電子メールを 2019 年 8 月から 9 月にかけて再度、送信した。その結果、36 社（内訳：29 社メール回答、7 社ヒアリング回答）から回答を得た。54 社中の 36 社から回答を得たことから、質問調査票の回収率は、66％であった。36 のデータのうち無回答、欠損値があるため、分析に使用できない 4 データを省き、最終的な有効データ数は 32 となった。

4−6 ┃ 質問票調査の分析方法

4−6−1　PLS-SEM（Partial Least Squares Structural Equation Modeling）について

　PLS（Partial Least Squares）法は、計量化学の分野で開発された回帰分析の手法である（Word, 1975）。その有用性は、サンプル・サイズに比して圧倒的に変量が多い場合、変数間の共線性が高い場合である。PLS 回帰は、データをそのまま使うのではなく、スコア（潜在変数）を計算して、そのスコアへの回帰を行う点で、通常の重回帰とは異なる。得られたスコアの一部に対して、最小 2 乗法で係数を推定していく（橋本・田中, 2010）。

　PLS-SEM（Partial Least Squares Structural Equation Modeling）は、主要な目的が対象の構造の予測、説明である場合のように、理論の探索的開発に用いられる（Hair *et al.*, 2017）。PLS-SEM では、潜在変数間の関係は一方向の矢

印で示されて、関係の方向性を示しており、この矢印は、関係を予測している
と考えられ、理論的な裏づけによって因果関係として解釈可能である（Hair
et al., 2017）。加えて、PLS-SEM は、小さいサンプル・サイズで試験的構造モ
デルを適切に作成でき（Smith and Barclay, 1997）そして、複雑なモデルで効
率的であるとされる。

4－6－2　PLS-SEM の選定理由

本研究では以下の2つの理由から PLS-SEM を用いている。

第一に、中小企業支援政策の中間成果と最終成果についての仮説の構造を検
証できるからである。仮説の検証とならんで、探索的にモデルを分析するため
に有効だからである。

第二に、サンプル・サイズが32と比較的小さいサイズであっても、PLS-
SEM を用いれば統計的に有意な関係の分析が可能なことである。

4－6－3　PLS-SEM の分析と評価

仮説における中間成果（市場志向及び情報的資源）と最終成果（引き合い・
問い合わせ、売上、成功の見通し、黒字化、プロジェクトの継続性）のモデル
の作成と計算に、ソフトウェア「Smart PLS 3」を用いた。仮説の中間成果と
最終成果との因子間の関係を示した1－3－8で示した図1にしたがって、モ
デルを作成する。加えて、市場志向が情報的資源を介さずに最終成果に寄与し
ているかどうかを調べるために、市場志向から最終成果へのパスを加えた。

PLS algorithm を用いて、Bootstrapping は、5,000回で計算した。Boot-
strapping を行う理由について説明する。PLS-SEM は、母集団の正規分布を仮
定しないため、通常の有意性検定ができない。そこで、Bootstrap はその代わ
りになる、通常5,000回のランダムなサブサンプルを発生させ、反復計算する
計算手順である。この Bootstrap により、パス係数等の有意性評価が可能とな
る。

分析の評価については、Hair *et al.,*（2017）による評価基準及び手順にした

がっている。その評価基準および手順は、①収束的妥当性（Convergent Validity）、内的整合性信頼度（Internal Consistency Reliability）、弁別的妥当性（Discriminant Validity）の評価基準をモデルで確認する。②パス係数（Path Coefficients）が、有意な正の値を取るかを検証する。それぞれの確認と検証基準は表 16 の通りである。

表 16　検証基準（Hair *et al.*, 2017）

項　　目	確認・検証基準
収束的妥当性 （Convergent Validity）	各測定因子の outer loadings がすべて、0.70 を超えて、潜在変数の AVE（Average Variance External）が 0.50 超えていることを確認する。
内的整合性信頼度 （Internal Consistency Reliability）	潜在変数の Composite reliability が 0.70 を超え、Cronbach's alpha が 0.50 超えていることを確認する。
弁別的妥当性 （Discriminant Validity）	HTMT（Heterotrait-Monotrait Ratio）の値が 0.90 より低く、バイアス補正した信頼区間に 1 を含まないことを確認する。
パス係数 （Path Coefficients）	以上の確認により、モデルの妥当性および信頼度を確認し、そののちパス係数が正の値であり、P 値が 0.05 以下で、優位であることを検証基準とする。
決定係数 R^2	潜在変数の決定係数 R^2 は、モデルの予測力（predictive power）の尺度として参考にする。

出所）Hair *et al.*（2017）をもとに作成

　ここで、検証基準にある outer loadings について説明する。市場志向は、顧客志向、競合他社志向、部門間調整の各要素から説明される。情報的資源は、技術導入ルート、広告のノウハウ、プロジェクト遂行能力、事業計画策定能力、外部とのネットワーク形成、社員のモチベーション、資金調達力、製品・サービス開発、プロモーション機会、事業化スピード、市場情報の獲得ルート、信用力・知名度、技術力、販路開拓、の各要素から説明される。最終成果は、引き合い・問い合わせ、売上、成功の見通し、黒字化、プロジェクトの継続性の各要素から説明される。outer loadings とは、各要素の重みづけ係数のことである。例えば、市場志向の中の顧客志向の構成要素が、顧客志向 1〜顧客志向

6 だとすると、以下のようになる。

市場志向＝ l1・x1+l2・x2+l3・x3+…+r
　x1：顧客志向 1 のデータ
　l1：顧客志向 1 の重みづけ係数
　x2：顧客志向 2 のデータ
　l2：顧客志向 2 の重みづけ係数
　…r：x1 から x6 の全てが、0 のときの市場志向の値

　以上のように、市場志向が、顧客志向 1 〜顧客志向 6 のそれぞれに重みづけ係数をかけて、足し合わせた回帰式で表されるとして、分析される。この重みづけ係数 l1、l2…が outer loadings である。この係数が 0.7 より小さければ、その場合、市場志向への影響が小さいとして、モデルの妥当性が低いと判断されるに至る。

第5章

検証結果
―大阪市 TR 事業の支援を受けた中小企業に対する定量分析―

5-1 ┃ 質問票調査の定量分析結果

　提示した中間成果と最終成果の因果関係の仮説について、回帰分析手法の1つである PLS 分析を用いて、中間成果および最終成果の二項目間（構成概念間）の関係性の検証を行う。検証には、回帰分析の手法の1つである PLS（Partial Least Squares）分析を用いる。

　　仮説：市場志向と情報的資源が最終成果に影響している

この仮説を検証するために、次の3つの仮説にブレークダウンした。

　　H1：市場志向が最終成果に影響している
　　H2：情報的資源が最終成果に影響している
　　H3：市場志向が情報的資源を介して最終成果に影響している

　上記3つの仮説を検証することの狙いは、TR 事業の支援による市場志向の醸成と情報的資源の獲得という効果が、最終成果（引き合い・問い合わせ、売上、成功の見通し、黒字化、プロジェクトの継続性）に影響しているか、あるいは影響していないかを明確にすることである。それを明らかにすることで、次のような指摘に的確に答えることができる。

　　「パイロット調査により、TR 事業によって、認定企業は市場志向的組織へと変化し、情報的資源を獲得し、そのことが最終成果にプラスに働いていることは、一定程度の効果としてわかった。しかし、それは3社の事

例であって、サンプル数を増やしたうえで、市場志向と情報的資源が効果測定の重要な指標と考えられる売上などの最終成果に影響があるのか、あるいはないのかが検証できなければ、中小企業支援政策に対して評価が下せないばかりか、TR事業がそもそも認定企業にとって効果がある、あるいはないについても主張することはできない」

　こうした指摘に答えるには、エビデンスを提示し、効果の検証を行うことである。これ以降の研究課題は、エビデンスとして定量分析の結果を示し、設定した仮説の検証をすることである。

5−1−1　PLS-SEM分析の結果と評価

　モデル探索ではOuter loadingsの低い因子を削除し、モデルを構成するという手順だが、ある因子を削除すると他の因子のOuter loadingsの値は変化する。そのため、因子を削除する際には、0.7以下であっても比較的値の大きなものを残して段階的に削除を進めた。

　第1回目のPLS-SEM分析結果がモデルAであり、第2回目のPLS-SEM分析結果がモデルBである（表17）。市場志向の「顧客志向」、「競合他社志向」、「部門間調整」の3つの潜在変数のすべての因子を入れたモデルAでは、重みづけ係数であるOuter loadingsが0.7未満の因子（表中の値をイタリック体で表示）があったため、モデルの収束的妥当性（表中の値をイタリック体で表示）が確保できなかった（表17）。次に、モデルAの因子の内、Outer loadingsが0.6未満の因子を省いてさらに分析を続けたが、AVEは0.5を超えるが、Outer loadingsが0.7未満の因子が残り、収束的妥当性（Convergent Validity）が確保されなかった。そこで、Outer loadingsが0.68未満の因子を省いたモデルBでは、AVEは0.5を超え、全ての因子のOuter loadingsが0.7を超え、収束的妥当性（Convergent Validity）が確保された（表17）。

　PLS-SEM分析結果から因子分析、モデル探索を経て得られたモデルが図5である。情報的資源では、「製品・サービス開発」、「信用力・知名度」、「事業

化スピード」、「資金調達力」、「技術力」、「モチベーション」、「外部ネットワーク」を同様の理由から因子から省いた。最終成果では、「プロジェクト継続性」を同様の理由から因子から省いた[32]。こうして得られたのが図 5 のモデルである。まず、表 17 により妥当性と信頼性を確認していく。

1）収束的妥当性（Convergent Validity）

収束的妥当性と内的整合性信頼度について、表 17 の model B では、Outer loadings はいずれも 0.70 を超え、AVE はいずれも 0.50 を超えており収束的妥当性（Convergent Validity）が確認された（Hair *et al.*, 2017）。

2）内的整合性信頼度（Internal Consistency Reliability）

Composite reliability、Cronbach's alpha について、表 17 の model B では、いずれも 0.70 を超え、内的整合性信頼度（Internal Consistency Reliability）についても確認された（Hair *et al.*, 2017）。

3）弁別的妥当性の確認

弁別的妥当性（Discriminant Validity）の指標である Heterotrait-Monotrait Ratio（HTMT）の値、バイアス補正した信頼区間を示したのが、表 18 である。弁別的妥当性（Discriminant Validity）の指標である Heterotrait-Monotrait Ratio（HTMT）の値は 0.9 を下回り、バイアス補正した信頼区間に 1 を含まず、弁別的妥当性（Discriminant Validity）が確認された（Hair *et al.*, 2017）。

4）パス係数（Path Coefficients）による検証

パス係数（Path Coefficients）、P 値、信頼区間を示したのが表 19 である。また図 5 のパスを表している矢印にはパス係数の値を入れている。市場志向か

---

[32] 「Stepwise」という変数選択の手法がある。プログラム SEFA（Stepwise variable selection in Exploratory Factor Analysis）（探索的因子分析の段階的変数選択）は、モデルの適合尺度のリストを実際に取得するために開発された。このリストは、現在のモデルの適合性を向上させるために、現在のモデルから、削除する変数を決定するのに非常に役に立つ（Harada and Kano, 1998; Kano and Harada, 2000）。Stepwise では、1 個ずつ選択して因子を外していくが、本研究の PLS-SEM 分析においては、Outer loadings を設定し、収束的妥当性を確保できない複数の変数を一緒に削除し、変数を精選した。それゆえに、Stepwise という方法は用いていない。

表 17　モデル探索と収束的

			model A	
			Convergent Validity (収束的妥当性)	
			Outer loadings > 0.70	AVE > 0.50
市場志向	競合他社	競合他社の情報共有	0.679	
		競合他社行動への素早い対応	0.509	
		競合他社戦略についての議論	0.667	
		競争優位構築の機会	0.667	
	顧客志向	顧客へのコミットメント	0.333	0.414
		顧客価値の創造	0.644	
		顧客ニーズの理解	0.663	
		顧客満足度を目標	0.817	
		顧客満足度を測定	0.724	
		購入後のアフターサービスの充実	0.676	
	部門間調整	部門を問わず顧客要求にこたえる	0.672	
		部門を問わない情報共有	0.568	
		戦略について部門での統合	0.577	
		全部門で顧客の価値向上	0.731	
		他部門との資源共有	0.586	
情報的資源		プロモーション機会	0.816	0.448
		市場情報獲得ルート	0.807	
		販路開拓	0.786	
		広告ノウハウ	0.766	
		技術導入ルート	0.759	
		事業計画策定能力	0.751	
		プロジェクト遂行能力	0.723	
		外部ネットワーク	0.626	
		モチベーション	0.6	
		技術力	0.55	
		資金調達力	0.542	
		事業化スピード	0.512	
		信用力・知名度	0.496	
		製品・サービス開発	0.482	
最終成果		成功見通し	0.876	0.639
		売上	0.831	
		引合い・問合わせ	0.812	
		黒字化	0.796	
		プロジェクト継続性	0.668	

妥当性と内的整合性信頼度

		model B			
Internal Consistency Reliability (内的整合性信頼度)		Convergent Validity (収束的妥当性)		Internal Consistency Reliability (内的整合性信頼度)	
Composite reliability	Cronbach's alpha	Outer loadings	AVE	Composite reliability	Cronbach's alpha
> 0.70	> 0.50	> 0.70	> 0.50	> 0.70	> 0.50
0.911	0.857	0.804 0.786 0.871 0.838 0.755	0.66	0.906	0.871
0.917	0.9	0.869 0.831 0.793 0.812 0.809 0.767 0.730	0.644	0.927	0.909
0.898	0.857	0.848 0.895 0.854 0.817	0.729	0.915	0.879

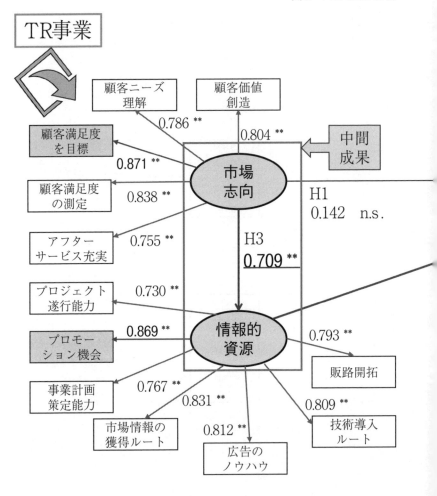

図5 PLS-SEM分析

結果からのモデル

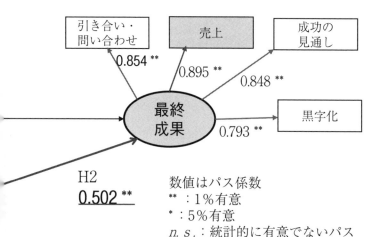

H1は、**支持されず。**
　H1：市場志向が最終成果に影響している

H2、H3は、いずれも**支持された。**
　H2：情報的資源が最終成果に影響している
　H3：市場志向が情報的資源を介して最終成果に影響している
　（H2の検証と合わせて、根拠づけられる）

表 18　弁別的妥当性（Heterotrait-Monotrait Ratio（HTMT））

	Heterotrait-Monotrait Ratio（HTMT）			信頼区間		信頼区間が1を含まないこと
	Original Sample（O）< 0.9	Sample Mean（M）	Bias	2.50%	97.50%	
情報的資源→市場志向	0.780	0.787	0.007	0.547	0.921	OK
最終成果→市場志向	0.537	0.567	0.030	0.257	0.850	OK
最終成果→情報的資源	0.622	0.657	0.035	0.334	0.887	OK

表 19　パス係数、P 値、信頼区間

	パス係数（オリジナルサンプル（O））	標準偏差（STDEV）	T 統計（|O/STDEV|）	P 値 **：1%有意 *：5%有意		信頼区間		信頼区間に 0 を含まない
						2.50%	97.50%	
市場志向→情報的資源 H3	0.709	0.082	8.676	0.000	**	0.54	0.858	OK
市場志向→最終成果 H1	0.142	0.189	0.753	0.451		−0.228	0.514	NG
情報的資源→最終成果 H2	0.502	0.18	2.784	0.005	**	0.127	0.803	OK

ら情報的資源へのパス係数が 0.709 で 1％有意、市場志向から最終成果へのパス係数が 0.142 で有意な影響はみられず、情報的資源から最終成果へのパス係数が 0.502 で 1％有意であった。

　以上の結果から、H1 は支持されず、H2、H3 については、正の有意なパス係数が得られたことから、以下の 2 つの仮説は支持された。

　　H2：情報的資源が最終成果に影響している

　　H3：市場志向が情報的資源を介して最終成果に影響している

5）潜在変数の決定係数 R^2 について

　決定係数 R^2 の一覧を示したのが、表 20 である。決定係数 R^2 は、被説明変数についてのみ計算される値である。今回のモデルでは、情報的資源が市場志向で説明される予測力の指標が 0.502、最終成果が情報的資源と市場志向で説明される予測力の指標が 0.373 ということになる。情報的資源の決定係数は 0.502 であり中程度の予測力、最終成果の決定係数は 0.373 であり予測力がやや低い結果となった[33]。

表 20　決定係数 R^2

潜在変数	R^2（R Square）オリジナルサンプル（O）		標準偏差（STDEV）	T 統計（|O/STDEV|）	P 値	信頼区間	
						2.50％	97.50％
情報的資源	0.502	中程度	0.114	4.419	0.000	0.294	0.732
最終成果	0.373	やや低い	0.178	2.09	0.037	0.12	0.764

5−1−2　PLS-SEM 分析からの発見事項

　表 17 のモデル A は、市場志向を「顧客志向」、「競合他社志向」、「部門間調整」の 3 つの潜在変数に分けたモデルとしていた。しかし、パス係数とその有意性から市場志向の変数のうち、競合他社志向および部門間調整を除き、「顧客に対するコミットメント」除いた顧客志向のみとする方がより説明力のあるモデルとなった。それが表 17 のモデル B である。

　以上の分析に基づいた検証結果は次の通りである。

---

[33] 決定係数 R^2 について、例えば、消費者行動の調査基準では、0.20 は高い値と考えられているが、マーケティングの学術研究では 0.75 では予測力が堅固、0.50 では予測力が中程度、0.25 では予測力が低いとの評価がなされる（大谷, 2019）。

検証結果
①市場志向から情報的資源のパス係数が 0.709** で 1% 有意であり、市場志向が情報的資源にプラスの効果を与えている関係が示唆された。
②市場志向から最終成果へのパス係数は有意ではなく、市場志向は情報的資源を介して、最終成果にプラスに影響している関係が示唆された。

第6章

考　察

6–1 ┃ 支援効果のメカニズムについての考察

　事例研究から設定した仮説について、質問票調査の PLS-SEM 分析を用いて検証した。

　検証結果から、第一に市場志向から情報的資源のパス係数が 1％ 有意であることから、市場志向が情報的資源にプラスの効果を与えている関係が示された。これは、TR 事業の被支援企業が顧客志向を中心とする市場志向的な組織になることで、そこに情報的資源の獲得ができれば影響があるとすることができる。

　第二に、市場志向から最終成果へのパス係数は有意ではないことから、市場志向は直接的に最終成果に影響を及ぼしている可能性は低い。つまり、当該企業は単に市場志向という組織文化を醸成しただけでは、最終成果にはつながらないことを示している。また、市場志向は情報的資源を介して、最終成果にプラスに影響している関係が示されたことから、市場志向を組織文化として醸成した企業組織が、企業特異性のあるすなわち、当該企業にとって本当に必要で意味のある情報的資源を TR 事業の支援により獲得して初めて、最終成果につながるということができる。

　最終成果について 3 社の事例研究からまとめたものが、表21 である。

　なお、プロジェクト継続性について説明を加えたい。表21 で示した 3 社の事例研究における質問票調査の結果では、プロジェクト継続性は、2 社で◎で「大変高まった」、1 社で「ある程度高まった」という回答を得た。しかし、今回の事例研究の企業を含む 32 社の PLS-SEM 分析では、プロジェクト継続性の outer loadings が 0.668 で、収束的妥当性の検証基準である 0.70 を超えなかった。こうしたことから、市場志向を醸成し、情報的資源の獲得を介して、最終

表21　TR事業の支援による最終成果（3社の事例研究）

（4段階のリッカート尺度　大変：◎　ある程度：○　少し：△　全く：×）

	引き合い・問い合わせ	売上	成功の見通し	黒字化	プロジェクト継続性
笑美面社	◎	◎	◎	○	◎
I&C社	◎	○	◎	◎	◎
ムラテック社	◎	○	○	○	○

成果の1つであるプロジェクト継続性へのつながりは、他の最終成果へのつながりと比較すると、あまり強いといえない。

6－1－1　支援効果のメカニズムの説明

　事例研究から設定した仮説について、質問票調査のPLS-SEM分析を用いて検証した。この検証結果に基づき、支援効果のメカニズムについて説明する。

①市場志向から最終成果への影響は確認できないため、市場志向を醸成するだけの支援では、最終成果につなげるには十分ではない。

②情報的資源から最終成果へプラスに影響していることが確認できたため、情報的資源を提供することは効果を出すのには必要不可欠な支援である。

③市場志向は情報的資源にプラスに影響していることが確認できたことから、市場志向を醸成する支援だけではなく、市場志向を醸成した上に、さらに情報的資源を提供する支援が加わると最終成果につながる。つまり、支援を市場志向の醸成にとどめずに、市場志向的な組織になったところに、情報的資源の提供があって、はじめて最終成果へ効果がある。

④市場志向は顧客志向、競合他社志向、部門間調整という3要素から成るが、モデル探索における因子分析で、競合他社志向および部門間調整は、情報的資源を介して最終成果へとつながる因子としては作用していないことがわかった。また顧客志向の中でも、顧客満足度を目標にする、顧客満足度を測定する、顧客価値を創造する、顧客ニーズを理解する、購入後のアフターサービスを充実させる、は因子としてプラスに作用することがわかったが、顧客

に対するコミットメントが因子として作用することは確認できなかった。したがって、市場志向のすべての要素が、情報的資源を介して最終成果にプラスの影響をしているのではなく、市場志向の中の、とりわけ顧客に対するコミットメントを除いた顧客志向の醸成を促進させることが支援では肝要である。

⑤市場志向の醸成の上に、提供される情報的資源で最終成果にプラスの影響を与えるのは、プロモーション機会、市場情報獲得ルート、広告ノウハウ、技術導入ルート、販路開拓、事業計画策定能力、プロジェクト遂行能力という各因子であることが明らかになった。ただ、外部ネットワーク、モチベーション、技術力、資金調達力、事業化スピード、信用力・知名度、製品・サービス開発が因子として作用することは確認できなかった。

⑥中小企業は、市場志向が醸成され、情報的資源の獲得を介して、引き合い・問い合わせ、売上、成功の見通し、黒字化、という最終成果につながる可能性が高いといえる。

6−1−2　支援効果のメカニズムを発現させる重要点

以上から、支援効果のメカニズムを発現させるための重要な点は、次の5つに整理できよう。

①中小企業のイノベーション（新規事業）を促進させるため、まず組織文化を変革することである。

②市場志向という組織文化を組織に根付かせる。特に市場志向の要素の中の顧客志向（顧客満足度を目標にする、顧客満足度を測定する、顧客価値を創造する、顧客ニーズを理解する、購入後のアフターサービスを充実させる）を強化していく。

③組織文化としての市場志向を醸成しただけでは、最終成果にはつながらない。市場志向を醸成した組織に情報的資源を提供する。この情報的資源は、支援を求める企業にとって本当に必要とする意味のある、つまり企業特異性に根差すものでなければならない。

④本当に必要としている企業特異性のある情報的資源は、各企業で異なる。しかし、そうした状況下でも、特に効果があるとみられるのは、プロモーション機会、市場情報獲得ルート、広告ノウハウ、技術導入ルート、販路開拓、事業計画策定能力、プロジェクト遂行能力のそれぞれを高める提供である。
⑤中小企業は市場志向を醸成し、情報的資源の獲得を介して、最終成果（引き合い・問い合わせ、売上、成功の見通し、黒字化）につなげることができる。

第7章

結　論
—大阪市の中小企業イノベーション支援政策(TR事業)の効果について見えてきたこと—

7-1 ｜ 仮説検証

本研究では、イノベーション促進政策である TR 事業の効果についての仮説を質問票調査の PLS-SEM 分析を用いて検証した。以上の PLS-SEM 分析の結果と考察から、TR 事業の支援の効果について、仮説 2、3 の検証ができた。

> H2：情報的資源が最終成果にプラスに影響している
> H3：市場志向が情報的資源を介して最終成果にプラスに影響している

H1 が支持されないことから、市場志向を醸成しただけでは、最終成果にはつながないことが確認できた。H2 が支持されたことに基づいて、H3 の市場志向は情報的資源を介して、最終成果にプラスに影響している関係が示された。以上から、TR 事業は、中小企業のイノベーション促進政策として一定の効果をもたらしているといえる。

先述したように、PLS-SEM 分析では、潜在変数間の関係は一方向の矢印で示され、関係の方向性を示しており、この矢印は、関係性を示すものと考えられる。したがって、理論的な裏づけによって因果関係として解釈可能（Hair *et al.,* 2017）なことから、図 5 にある市場志向および情報的資源と最終成果との因果関係を検証できたことになる。

7-2 ｜ 発見事項

PLS-SEM 分析による仮説の検証結果を踏まえ、そこから得られた発見事項を以下 6 つにまとめておきたい。

第一に、市場志向から最終成果への影響は確認できないため、市場志向を醸成するだけの支援では、効果につなげるには十分ではない。

　第二に、情報的資源から最終成果へプラスに影響していることが確認できたため、情報的資源を提供することは効果を出すのには必要不可欠な支援である。

　第三に、市場志向は情報的資源にプラスに影響していることが確認できたことから、市場志向を醸成する支援だけではなく、市場志向を醸成した上に、さらに情報的資源を提供する支援が加わると最終成果につながる。つまり、支援を市場志向の醸成にとどめずに、市場志向的な組織になったところに、情報的資源の提供があって、はじめて最終成果へ効果がある。

　この第三の発見事項の妥当性は、この発見事項単独ではなく、第二の発見事項として示した、情報的資源から最終成果へプラスに影響していることと合わせて主張できる。

　第四に、市場志向は顧客志向、競合他社志向、部門間調整という3要素から成る。しかし、競合他社志向および部門間調整は、情報的資源を介して最終成果へとつながる因子としては作用していない。また顧客志向の中でも、顧客満足度を目標にする、顧客満足度を測定する、顧客価値を創造する、顧客ニーズを理解する、購入後のアフターサービスを充実させる、は因子としてプラスに作用することが明らかになったが、顧客に対するコミットメントが因子として作用することは確認できなかった。ゆえに、市場志向の要素すべてが、情報的資源を介して最終成果にプラスの影響をしているわけではなく、市場志向の中の顧客に対するコミットメントを除いた顧客志向の醸成を促進させることが支援で肝要となる。

　第五に、市場志向の醸成の上に、提供される情報的資源で最終成果にプラスの影響を与えるのは、プロモーション機会、市場情報獲得ルート、広告ノウハウ、技術導入ルート、販路開拓、事業計画策定能力、プロジェクト遂行能力は、因子としてプラスに作用することが明らかになった。ただ、外部ネットワーク、モチベーション、技術力、資金調達力、事業化スピード、信用力・知名度、製品・サービス開発が因子として作用することは確認できなかった。

　第六に、中小企業は、市場志向が醸成され、情報的資源の獲得を介して、引き合い・問い合わせ、売上、成功の見通し、黒字化、という最終成果へと結びつける可能性を高められる。

第8章

理論的発見と実践的提言
—中小企業イノベーション支援政策の効果を可視化する新たな分析視点と理論的フレームワークの提示—

8−1 ┃ 理論的貢献

　本研究の理論的貢献として2つの新規性を指摘できる。

　第一に、Jensen *et al.*（2007）によるイノベーション形態のSTIモードとDUIモードを用いた名取（2015, 2017）の分析では捉えられなかったTR事業による支援の効果である、市場志向の醸成と企業特異性を有する情報的資源の獲得を明らかにしたことである。先行研究（名取, 2015, 2017）のTR事業による支援の効果検証では、科学と技術を主体とする形式知を使い、社内開発するイノベーションであるSTIモードのR&D対売上高比、大学・研究所との連携、研究開発担当比率のいずれにおいても、TR事業の支援による効果は確認できなかった。また、顧客との協力や仕入先との交流などによる問題解決型の経験や学習から得られる暗黙知を使ったイノベーションであるDUIモードの横断的組織、自律的グループ、統合的機能でTR事業の支援による効果が確認できたが、品質改善グループ、提案収集制度、緩い権限関係、顧客との協力関係では支援による効果は確認できなかった。こうした先行研究の検証結果から、STIモードとDUIモードを用いた支援効果の測定は、効果の抽出が必ずしもうまく図れなかったといえる。こうしたことから、支援効果について測定する別の測定項目が必要であると考え、本研究では新たに市場志向と情報的資源の2つの測定項目から支援効果を明らかにした。

　第二に、中小企業への支援に関する理論的フレームワークを提示できたことである。自治体による中小企業のイノベーション促進政策に関する明確な理論的フレームワークとして、イノベーション促進政策の支援により、中小企業が市場志向の醸成および情報的資源の獲得という中間成果を得て、その上で引き合い・問い合わせ、売上、成功の見通し、黒字化、という最終成果につなげて

いるという中間成果と最終成果間の因果関係を定量分析から数字の上ではっきり示し、解明した。定量分析の結果から、この因果関係のモデルが一定程度、説明力があることがわかったため、本モデルを中小企業イノベーション促進政策の理論的フレームワークとして提示することが可能となった。

「市場志向」および「情報的資源」という変数を用いた支援効果を測定する理論的フレームワークは、国内・海外の先行研究を筆者が調べた限りでは存在しない。「市場志向」という変数の長所は、さまざまな間接支援の効果を綜合した形で測定でき、当該企業の組織文化の変化を認識できる点である。そして、「情報的資源」という変数の長所は、他社から模倣困難かつ成果を見込める事業活動をもたらす「見えざる資産」（伊丹, 1980, 1984; Itami, 1987）という競争力の真の源泉となりうる資源を、支援側（公的機関）と被支援側（中小企業）の双方が明確に把握できる点である。

8-2 ｜ 実践的貢献

本研究の実践的貢献として、2つ挙げられる。

第一に、市場志向の醸成と企業特異性を有する情報的資源の提供という2つのソフト面における公的支援の重要性を示した。TR事業の場を通じて、支援を受ける中小企業は、外部から情報的資源を獲得し、結果として最終成果につなげていることがわかった。最終成果につなげられる理由は、TR事業による司令塔を中心にした支援チームが、それぞれの企業が置かれている状況を的確に把握し、その場その場の単発の支援ではなく、全体最適の視点からの継続的なハンズオン支援で、その企業が本当に必要としていて、その企業にとって意味のある企業特異性を有する情報的資源を提供しているからである。

企業特異性のある情報的資源は、汎用性の高い資金的資源や物的資源などとは異なり、市場から調達することが困難な資源である。ゆえに、これまでの補助金中心の研究・技術開発段階に偏ったハードな公的支援だけではなく、それに加えて製品の市場投入段階に類するソフトな公的支援も提供することが、中

小企業の存続・成長につながるイノベーション促進にとって必要であり、本研究を通じて示すことができた。

　第二に、中小企業支援政策の効果を「見える化」する指標および説明概念を提示したことである。国内において、中小企業支援政策について論じるときに、これまで典型的にみられたのは、予算、支援メニュー、支援件数を示すにとどまることが多かった。しかし、これでは被支援側である中小企業や中小企業支援政策の資金を提供する納税者にとっても効果の有無が皆目わからない。そこで本研究は、中小企業にとっての効果の有無が明確にできる新たな指標として、「市場志向」および「情報的資源」の2つを提案した。提案するだけではなく、TR事業に認定された企業に対する質問票調査の定量分析により、2つの指標は中間成果と位置づけられることが可能であり、その中間成果が最終成果にプラスの影響を及ぼしていることを定量分析の結果、数字の上で明確に示した。すなわち、「顧客満足度を目標にする」などの市場志向をもった中小企業であれば、「プロモーション機会」を中心とする情報的資源を与える支援をすることで、売上など具体的成果を得られる、という構図を可視化することに成功した。

　市場志向と情報的資源は一般性のある指標、つまり、大阪市のTR事業以外の自治体のイノベーション促進政策についての効果測定にも指標として適用ができるだけではなく、海外におけるイノベーション促進政策の効果測定にも適用可能である。そのため、国内外の政策間での比較が可能となり、科学的かつ客観的な中小企業支援政策の評価に大いに貢献できる。

8-3 ┃ 限界

　本研究は、分析対象がTR事業という単一のイノベーション促進政策の事例であり、サンプル・サイズも32と多いとはいえない。それゆえに、学術的信頼性において問題を残している。

　本研究では、TR事業の効果について、支援を受けた中小企業を対象にして

明らかにした。しかし、効果の有無には、支援する側である支援チームの組織としての能力・条件や支援チームのメンバーの能力・条件も影響してくるのではないかと考えられる。そうした点については、今回の研究範囲には入っていない。またこれに関連して、効果の有無に、支援される側である中小企業の組織としての能力・条件や経営者・従業員の能力・条件も影響してくるのではないかと推測されるが、今回の研究の射程には入っていない。

8-4 今後の研究課題

今後の課題は、次の5点が挙げられる。

第一に、学術的信頼性における問題の克服である。今後は、サンプル・サイズ、事例を増やしてのTR事業以外のイノベーション促進政策の検証していくことで、提示した中小企業支援政策のフレームワークの妥当性を高めていく。

第二に、市場志向という組織文化の形成プロセスの解明である。例えば、Tregear（2003）は、どういう行動が従業員の市場志向意識を高めるのかを研究している。また、Gebhardt *et al.*（2006）は、組織が市場志向をいかにして形成するかを研究している。こうした先行研究を踏まえ、市場志向が醸成されていくプロセス・メカニズムを明らかにすることが課題となる。

第三に、市場志向の代替的志向と最終成果との関係の解明である。本研究は、組織の志向性として市場志向に焦点を当てて研究をしたが、志向性はそれだけではない。例えば、製品志向（Voss and Voss, 2000）、販売志向（Keith, 1960）、技術志向（Zhu *et al.*, 2005）、アントレプレナー志向（Lumpkin and Dess, 1996）、イノベーション志向（Berthon *et al.*, 1999）、ブランド志向（Reid *et al.*, 2005）などがある。市場志向以外のこうした組織の志向性について検討することで、最終成果につながる新たな志向性の見える化を図れる。

第四に、8-3でも触れたが、支援効果の高い被支援企業の条件・能力の解明である。中小企業支援政策の効果の有無を明らかにしようとすると、効果には被支援側企業の条件・能力も関係しているのではないか、と推測ができる。

例えば、吸収能力（Absorptive capacity）という「新たな外部情報の価値を認識し、それを吸収し、商業目的に応用する能力」（Cohen and Levinthal, 1990）が挙げられる。

　また、"Readiness" という準備性を意味する心理学用語があり、学習活動に効果的に従事することを可能たらしめる学習者の心身の準備状態のことを指す。また、Readiness とは、提案された変革は必要であり、組織は変革可能であるという組織成員の信念において示されると説明される（Armenakis, Harris and Mossholder, 1993）。

　加えて、"Organisational readiness"（Ingersoll *et al.*, 2000; Weiner, 2009）という概念もある。Organisational readiness とは、組織成員が組織変革を実行することにコミットし、そのために成員らが集団的能力に自信を持つと感じる共有された心理状態のことを意味する（Weiner, 2009）。Organisational readiness の概念は、調べた限りでは組織変革に関する文献にはほとんど出てこないが、従業員の組織へのコミットメントの最も強い予測因子（predictor）であるとされ、前向きな行動様式もまた予測因子だが、変化に対する Readiness よりは劣るといわれる（Ingersoll *et al.*, 2000）。

　第五に、他の自治体イノベーション促進政策での本研究成果の検証である。中小企業支援政策の効果を測る新たな指標として、市場志向および情報的資源は、一般性が高い、つまり、TR 事業に限定することなく他のイノベーション促進政策にも適用できることについては、実践的貢献でも述べた。そのため、中小企業支援政策間の比較分析が可能となる。

　先に説明したように、TR 事業の特徴は、支援側が１つのチームを組み、司令塔方式で支援する点にある。認定企業の新事業を軌道にのせるために市場開拓、市場投入にまで踏み込み、２年計画でプロジェクトマネジメントの手法を使い、プロジェクト・リーダーという司令塔のもとに綿密にスケジュールを組んで管理し、目標を明確にし、支援による成果を出していく。

　こうした支援形態は、自治体による支援では、現在までに調べた限り、TR 事業以外には見当たらない。ここで注目すべきは、支援形態が違うのだから政

策間の比較分析ができないという結論に至るのではなく、比較分析において、支援形態が違えば、市場志向と情報的資源という中間成果にいかなる違いが生じるか、また中間成果と最終成果との因果関係にいかなる違いが起きるかなどを発見できる可能性があるとすることができる。

市場志向と情報的資源について

　本研究の副産物として、別の議論を補遺という形で２点残す。第一に、市場志向について、パイロット調査における事例研究と定量分析による両結果を踏まえて、市場志向の要素である競合他社志向と部門間調整という２つが因子として残らなかった理由について、理論的に検討する。第二に、情報的資源について、パイロット調査における事例研究から、中小企業が獲得した情報的資源をもとにして、新たな資源の創出を図っているという発見について、実証的に検討を加える。

(1) 市場志向について

事例分析による市場志向の結果

　パイロット調査における３社の事例分析から得られた、市場志向の変化についての結果を再び示す。

　３社ともに、市場志向の項目である顧客志向、競合他社志向、部門間調整で変化が確認できる。詳細にみれば、顧客志向では、少ししか変化がみられなかったのは、「購入後のアフターサービスの充実」（笑美面社）、競合他社志向では、「競合他社の情報共有」（笑美面社）、「競合他社戦略についての議論」（笑美面社）、部門間調整では、「戦略についての部門での統合」（ムラテック社）であった。また、全く変化がみられなかったのは、競合他社志向の「競合他社行動への素早い対応」（笑美面社）であった。そのほかの項目は、３社ともに表12に示すように大部分で変化が著しいことがわかる。

定量分析による市場志向の因子分析の結果

　先の事例研究の３社では、市場志向を構成する３つの因子である顧客志向、

表 13　市場志向についての評価基準と事例分析結果（再掲）

（4 段階のリッカート尺度　大変：◎　ある程度：○　少し：△　全く：×）

| 変数 | | 項　　　目 | TR 事業による支援後の変化 | | | |
			笑美面社	I&C 社	ムラテック社	3 社での変化度合評価
市場志向	顧客志向	顧客へのコミットメント	◎	◎	○	☆☆
		顧客価値の創造	◎	◎	◎	☆☆☆
		顧客ニーズの理解	◎	◎	◎	☆☆☆
		顧客満足度を目標	◎	◎	◎	☆☆
		顧客満足度を測定	◎	◎	◎	☆☆
		購入後のアフターサービスの充実	△	◎	◎	☆☆
	競合他社志向	競合他社の情報共有	△	◎	◎	☆☆
		競合他社行動への素早い対応	×	◎	◎	☆☆
		競合他社戦略についての議論	△	◎	◎	☆☆
		競争優位構築の機会	◎	◎	◎	☆☆☆
	部門間調整	部門を問わず顧客要求にこたえる	○	◎	○	☆
		部門を問わない情報共有	◎	◎	○	☆☆
		戦略について部門での統合	◎	◎	△	☆☆
		全部門で顧客価値の向上	◎	◎	○	☆☆
		他の部門との資源共有	○	○	○	☆

競合他社志向、部門間調整では変化が著しく、TR 事業による効果が確認された。
　次に PLS-SEM 分析にかけた 32 社ではどうだったのか、改めて確認する。
市場志向の顧客志向、競合他社志向、部門間調整のそれぞれについて、32 社
について PLS-SEM によるモデル探索プロセスにおいて因子分析を行った。競
合他社志向の変数はすべて、収束的妥当性の検証基準である 0.70 を超えなかっ
たため、因子から省いた。部門間調整のすべての変数もまた、収束的妥当性の
評価基準である 0.70 を超えなかったため、因子から省いた。このように、収
束的妥当性の評価基準を満たせず、競合他社志向のすべての変数、部門間調整
のすべての変数が因子から外れる結果となった。

定量分析におけるこうした因子を省くプロセスは、評価基準にしたがい行っているのでこれで問題はない。しかし、1つの疑問が残る。それは、なぜ3社の事例研究では、市場志向の顧客志向、競合他社志向、部門間調整のそれぞれで変化がみられ、効果が確認できたのに、32社の定量分析では、競合他社志向、部門間調整では評価基準を満たさなかったのか、という点である。その理由について、PLS-SEM分析結果の数値をいくら詳細に検討したところでわからない。そこで、何か他の手立てが必要になる。なぜ競合他社志向と部門間調整の2つの因子が外れたのかの理由を探るために、March（1991）の探索と活用の概念を手掛かりに考えてみたい。

「探索」・「活用」の概念

「探索（exploration）」と「活用（exploitation）」の概念は、組織学習の文脈で議論されてきた。 March（1991）は、外部環境の変化に対して、動態的に適応して、中長期にわたり経営成果を創出しつづけるために、組織は互いに矛盾する2つの能力を身につける必要があるとした。1つは探索能力であり、組織の新たな強みを生み出すために、経営上のリスクを冒して実験的な活動を展開する能力を指す。もう1つは活用能力であり、組織が保有する既存の知識や強みを深耕することで、効率的に経営成果を挙げられる能力を指す。

変化の激しい外部環境下では、組織において、探索能力と活用能力の両方を同時に追い求めていく必要がある。こうしたことから、「活用」の追求を通じて、現在の経営環境への適応を高いレベルで実現すると同時に、「探索」の追求を通じて、将来の環境変化への潜在的な適応能力をあわせもつ組織を「両利き組織」として概念化し（Duncan, 1976）、それに関する議論が生じるわけである。

しかし、「探索」と「活用」とは、対照的な組織学習とされ、「活用」に力点を置くと「探索」が進まないといわれてきた（March, 1991; Levinthal and March, 1993; Stuart and Podolny, 1996）。このように「活用」の追求がもう片方の「探索」の追求を阻害するというトレードオフの関係にあることから、同

じ組織内で高いレベルで同時に実現することは大きな困難を伴うと考えられている（Cohen and Levinthal, 1990; March, 1991, Adler *et al.*, 1999）。

こうした困難を何とか克服するために、「探索」と「活用」を調整して統合する、組織の両利きの能力は、いかにして実現できるだろうか。その実現のための代表的な2つのアプローチとして、構造的アプローチと文脈的アプローチ（Gibson and Birkinshaw, 2004）がある。ここでは、構造的アプローチに絞って議論を続ける。

Duncan（1979）によれば、構造的アプローチとは、組織の両利き能力を実現するために、二重構造の組織を編成することを指す。互いに相いれない組織の構成要素を構造的に隔離して両要素を同時に両立させようとする。つまり、「活用」に特化する部門と「探索」に特化する部門を切り離して構造化する「構造的分離」という組織設計の考え方である（Tushman and O'Reilly, 1996）。

鈴木（2007）は、「探索」と「活用」とを組織構造の面で分離して行うとする「構造的分離」は、論理的な説明力は大きいが、必ずしもすべての組織に適用できるわけではないとし、その理由を規模が小さく、組織の分離や階層ごとの役割分担が難しいために、構造的分離を採用できない組織も少なくないからであるとしている。

March（1991）は、外部環境に対する適応プロセスとしての組織学習を「探索」と「活用」との間の資源配分プロセスと捉えている。「探索」とは、発見、多様性の追求、リスク負担、実験、遊びの維持、柔軟性の確保などの活動で、既存の知識・情報にはとらわれない急進的組織学習を特徴とする。他方、「活用」は、改善・手直し、代替案の比較・選択、標準化、スピードアップ、コスト削減などの活動で、漸進的組織学習を特徴とする。

「探索」・「活用」の概念による分析

TR事業による支援の目的は、イノベーション（新規事業）を促進することである。対象は、中小企業の新規事業である。今回の3社の事例研究と32社の定量分析から示唆されるのは、TR事業に認定された中小企業の新規事業に

は２つの側面があるのではないかということである。つまり、１つは「探索」の意味での新規事業であり、もう１つは、「活用」の意味での新規事業である。わかりやすくするため、前者を「探索型新規事業」、後者を「活用型新規事業」と名づけたい。

「探索型新規事業」とは、まさしくこれから事業としてスタートする新規事業であり、アイデア段階にとどまり、製品として必ずしも結実していない場合も含み、「探索」の特徴である、発見、多様性の追求、リスク負担、実験、遊びの維持、柔軟性の確保などの活動と、既存の知識・情報にはとらわれない急進的組織学習を伴う。「探索」を通じて、革新的事業・技術が創造される。

他方、「活用型新規事業」とは、既に新規事業としてスタートは切り一定期間を経てはいるが、市場投入・市場開拓が未だ不十分で、事業として軌道にはのっておらず、改善・手直し、代替案の比較・選択、標準化、スピードアップ、コスト削減などの活動と、漸進的組織学習を伴う。「活用」を通じて、新事業・技術が応用される。

「探索」と「活用」についての多くの先行研究では、組織が探索的取り組みよりも、活用的取り組みに傾倒する側面が強調されてきた。その理由として、試行錯誤を繰り返しつつ、新しい経営資源を探索する取り組みと比べ、既存の経営資源の強みを深耕するほうが、取り組むべき内容や目指す方向性が明確で、これまでの日常業務との関連性も高く、組織成員には取り組みやすく、「活用」の取り組みでは、その成果に関する情報を短期間で入手しやすいからである（山岡, 2016）。この理由から、TR 事業に認定された企業の多くが「活用型新規事業」に取り組んでいたのではないかとの推測ができるのである。

一方、「探索」は、「活用」と比較すると、リスクが高い。その結果として、経済的成果の期待値は低くなってしまう。短期的な期待収益は活用の方が高く、リスク選好の低い組織は、長期的な組織の存続の危険性を受け入れてでも「活用」を選択する。それゆえに組織は、「探索」よりも「活用」を優先する傾向にある。とりわけ、経営資源が潤沢ではない中小企業は、リスクを避け、短期的な経済的成果を得る期待値が高いほうを選択する傾向が強いであろう。こ

うしたことからも、TR事業に認定された中小企業の多数が新事業・技術を応用する「活用型新規事業」に取り組んでおり、事例研究の3社は少数派の革新的事業・技術を創造する「探索型新規事業」に取り組んでいたとみられる。

では、なぜ市場志向の競合他社志向と部門間調整は、因子として残らなかったのか。論じてきたように、TR事業認定の中小企業の多数が新事業・技術を応用する「活用型新規事業」であるとすると、競合他社についてある程度把握し、自社の強みを深耕して差別化を徹底して、競合他社と自社間で既に住み分けができていると考えられる。一般に中小企業は、ニッチをついていくようなマーケットを限定してそこを攻めていくため、競合他社が参入できないだろうということを理解し、そこに照準を定めて事業を行う。中小企業はニッチを極めようとするため、競合他社の情報を収集し、自分が展開する事業には競合他社が参入できないと判断している。つまり競合他社志向をTR事業の認定前から実践しているのである。以上から、市場志向の競合他社志向の因子は、残らなかったと推測できる。

次に、なぜ市場志向の部門間調整が因子として残らなかったのか、について考える。簡潔にいえば、中小企業の規模は文字通り大きくないため、そもそも部門には分かれていないことがほとんどで、部門をまたぐ活動が極めて少ないということである。つまり、大企業では可能な組織の分離や階層ごとの役割の分担は、規模が小さな中小企業では難しいのである。市場志向の部門間調整の因子が残らなかった理由は、これに尽きるのではないかと考えられる。

まとめと展望

ここまで、市場志向について定量分析の結果から市場志向の要素である競合他社志向と部門間調整という2つが因子として残らなかった理由について、「探索」と「活用」の概念を用いて理論的に検討した。

因子として残らなかった理由を検討するために、March（1991）による「探索」と「活用」の概念を用いた。この2つの概念をもとに、TR事業により支援を受けた中小企業の新規事業を2つに分類することを試みた。それぞれ、探

索重視の「探索型新規事業」と活用重視の「活用型新規事業」と名づけた。

　定量分析を行った32社の多数は、革新的事業・技術を創造する「探索型新規事業」のように、まだアイデア段階にとどまっていることも含めてまったくのスタート地点で、競合他社についての把握はこれからというのとは異なり、中小企業に一般的によくみられるニッチを狙うために、競合他社については一定程度に把握して、差別化を図り、新事業・技術を応用する「活用型新規事業」であったとみられ、そのために競合他社志向が市場志向の因子として機能しなかったと考えられた。

　また、中小企業は規模が小さく、そもそも部門に分かれていないことがほとんどだということから、部門間調整が市場志向の因子として機能しなかったと考えられた。

　今後の研究の展望は、競合他社志向や部門間調整について、TR事業の認定企業の多くで、なぜ変化が生じなかったのかをインタビューを試み、提示した「探索型新規事業」と「活用型新規事業」との分析枠組みからの説明が妥当であるかの検証を進めていく必要がある。

　事例研究の3社は、「探索型新規事業」に取り組んでいたのではないかとの見解を示し、競合他社志向と部門間調整で変化が確認された。なぜそのような変化がこの3社にはみられたのかについて説明する必要がある。加えて、同じ中小企業でありながら、この3社ではなぜ部門間調整で変化が生じたのかの理由も、明らかにすべき点である。

(2) ｜ 情報的資源について

情報的資源の獲得に基づく資源創出

　ここからは、TR事業の効果についてさらに踏み込んで、情報的資源に加え、その情報的資源の獲得から資源創出へという視点から実証的に検討する。

　大企業が社内に豊富な資源を保有するのとは異なり、資源が限定的である中小・ベンチャー企業が新規事業に挑戦していく際、たとえ成長の潜在性をもっ

ていたとしても、経営資源が乏しければ成長は容易ではない。こうした不足している資源を自社単独で補完していくことは、困難である。そこで、企業内部で不足する経営資源を補うために、外部にそれを求めることになる。その経営資源の補完が、中小企業支援政策の存在意義である。経営資源支援の要諦は、中小・ベンチャー企業が新規事業を目指すときの「情報の非対称性」を緩和する役割にあり、そのことについてはこれまでに論じてきた。

　わが国の中小企業への公的支援政策について2-3-2で述べたことを再度確認しておくと、補助金や税制優遇措置などハード支援が中心であり、戦略的な経営ノウハウの提供などのような知識資源の外部からの支援は少ない（鹿住, 2000）。また、自治体による中小企業の新事業支援政策は多いが、そのほとんどは技術開発に対する補助金にとどまる（名取, 2017）。例えば、「中小企業白書2014年版」(p.451)にある「市区町村の中小企業施策の実施状況」をみると、871の市区町村自治体のうち、本研究で着目する新たな事業活動に対する支援制度を有している自治体の割合は、56.4%であった。その新たな事業活動支援の内訳は、「融資・リース・保証」、「補助金・税制・出資」、「情報提供・相談業務」、「セミナー・研修・イベント」の4項目であり、そのうち「補助金・税制・出資」の割合が59.5%と最も高かった。ゆえに、先の鹿住（2000）および名取（2017）の先行研究における指摘は、支持されることになる。

　以上から、中小企業支援政策は依然として、研究・技術開発段階に対する補助金、すなわちハードの直接支援が主であり、事業化の促進段階に対するソフト支援が少ない現状がわかる。

　こうした現状認識から注目するのは、事業を促進させるために中小企業が抱える情報の非対称性を補完・緩和する情報的資源の提供というソフト支援を積極的に行っている大阪市の中小企業イノベーション促進政策のTR事業である。中小企業が新規事業に挑戦するときに、公的機関による支援の要は、情報的資源の提供により情報の非対称性を補完・緩和する役割にある。

情報的資源と情報の非対称性

　既述したように、本研究では、TR 事業の政策効果の分析に用いるフレームワークとして情報的資源という概念を用いている。もし、効果として情報的資源の獲得および獲得した情報的資源をもとに新たな資源創出を確認できるならば、その支援は、情報の非対称性（information asymmetries）を補完すると考えてよい。

　繰り返しになるが、非対称情報は市場の相互作用の一般的な特徴である。商品の売り手は、見込みのある買い手よりもその品質についてよく知る。売り手と買い手の間で、情報量に差があることを「情報が非対称である」（Akerlof, 1970; Spence, 1973; Rothchild and Stiglitz, 1976）とする。ただ、売り手と買い手にとどまらず、売り手同士、買い手同士でも情報量の差があり、中小企業同士、中小企業と大企業でその差は厳然と存在する。本研究では、市場理論における意味よりも広く、アクター間での情報量の差という意味で、情報の非対称性の概念を用いている。

情報の非対称性と中小企業支援の合理性

　江島（2006）は、政府支援の合理性の論拠として、情報の非対称性を指摘した。情報の非対称により支援先として出現していない中小企業を、支援でもって市場に出現させることを挙げている。市場の側からみると、情報の非対称性から中小企業の情報を調べようとするとコスト高となり、投資や支援が敬遠されるという問題の解消にも、支援の合理性を説いた。ここで、支援の合理性にはもう１つの側面があることを主張したい。すでに見てきた Akerlof（1970）や Rothchild and Stiglitz（1976）の研究から、情報の非対称性は、商品の売り手と買い手の間にあることを確認した。しかし、情報の非対称性は先行研究が指摘したような商品の売り手と買い手の間にだけ限定されるのではなく、同じ買い手であっても、一部の買い手よりも多くの情報を持ち、情報の非対称性があるということができる。

　例えば、中古車の買い手が何度も特定の中古車の業者と取り引きすること

で、その業者の中古車の程度が値段の割によいなどの質的な情報を蓄積することになる。而して、買い手同士の間で、中古車店に関する質的な情報についての非対称性が生じるのである。

　これを企業支援の文脈にすると、これまで事業を維持してきた中小企業には、事業化し、市場で経済的成果を得るに至るまでの過程で、さまざまな情報的資源が多く蓄積されている。これを本研究の中小企業支援の文脈で捉えると、これまで事業を維持してきた中小企業には、事業化し、市場で経済的成果を得るに至るまでの過程で、さまざまな情報的資源が多く蓄積されている。他方、これから新規事業に本格的にのり出そうとする中小企業には、事業化に類する情報的資源は極めて乏しい。さらに大企業と比較するならば、情報的資源の蓄積の差は自明である。こうした情報量の差の解消としての支援の必要性がもう１つの側面である。

　したがって、情報の非対称に対する公的機関による支援には、①支援先として出現していない企業を市場に出現させる（江島，2006）だけではなく、加えて②企業間の情報的資源の差を補完・解消する機能がある、ということができる。

資源創出

　本節では、TR 事業の支援による効果の分析に用いるフレームワークとして、「資源創出」という概念を用いる。ここで資源創出についての先行研究を確認しておく。Bowman and Collier（2007）は、資源創出活動における企業家の資源に対する「気づき」が肝要だとし、自社にとり価値ある資源をいち早く認知し、資源の価値を評価し、それに対応することの重要性を指摘した。Baker and Nelson（2005）は、資源創出プロセスを Levi-Strauss の「bricolage（ブリコラージュ）」という概念を用いて説明している。他の企業が無視したり、気づかなかったりした物理的・社会的・制度的インプットをうまく使いこなし、手元の資源と結合して、何とかやりくりして資源を創出しているような企業活動を bricolage と呼び、成長が見られる企業では、初期段階において bricolage

により創出した資源をもとに、事業を拡大していることを明らかにした。

　詳しくは考察で後述するが、中小企業3社の事例を通じて、TR事業による支援によって情報的資源を獲得するという効果を確認している。しかし、中小企業3社は、たんにTR事業の支援から情報的資源を獲得するだけで留まることはなく、資源創出活動に向けた資源に関する「気づき」を得て（Bowman and Collier, 2007）、TR事業という支援制度を1つのインプットとして利用し、支援で獲得した資源を結合したり、何とかやりくりしたりして（Baker and Nelson, 2005）、実際に資源創出を図っているということを発見した。

情報的資源と資源創出の視点からの3社の事例分析

　分析対象とするのは、すでにパイロット調査における事例研究で取り上げた、TR事業が育成支援している笑美面社、I&C社、ムラテック社の3社の新規事業である。これらの事業を分析対象にした理由は、繰り返しになるが、支援による効果は即座に出るものではなく、一定期間を必要とする。分析対象の3社、I&C社およびムラテック社（2013年度）、笑美面社（2015年度）の各社の事業は、TR事業に認定されて2年間の支援が終了しており、政策効果を検証する対象として適切であると判断したからである。

　TR事業活用後の情報的資源の獲得については、述べたように笑美面社、I&C社、ムラテック社の事例研究結果に基づいているため、研究方法、情報的資源の質問項目、そしてインタビューでの補完的質問は同じである。ゆえに、改めてここで説明することはしない。ただし、本節では詳細な情報的資源および資源創出という視角からの分析を行うため、フレームワークは異なるため説明したい。

　本節において、TR事業の効果を分析するために、組み立てたフレームワークが図6である。このフレームワークのベースとなる構成要素として、既述の通り、「情報的資源」、「情報の非対称性」、「資源創出」という概念を用いている。イノベーション促進政策は、第1プロセスの中小企業に対する情報的資源の提供、そして第2プロセスの中小企業自ら新たな資源創出を図る育成という2つ

図6　研究フレームワーク（政策効果の２段階プロセス）

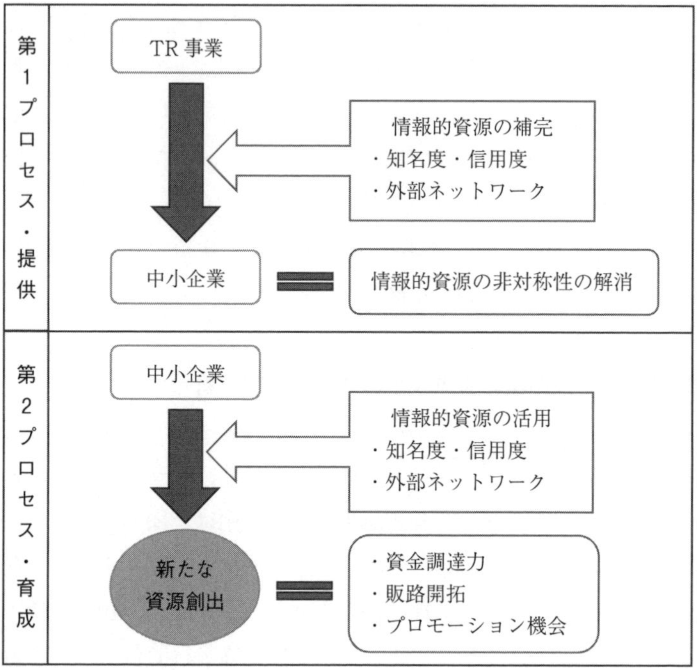

のプロセスから形成されるとの前提をおいて、このフレームワークに基づいて、3社の事例を分析していく。

事例分析の結果

　表22は、図6の政策効果の2段階プロセスの第1プロセスにおける3社のTR事業活用後の変化をまとめて、示したものである。

　表22の質問票調査の4段階のリッカート尺度の回答で、◎は「大変高まった」のように変化の程度が最も著しいもの、○は「ある程度」、△は「少しだけ」、×は「全くなかった」を表している。また、表22の「3社での変化度合評価」では、変化の程度が最も著しい◎が付いた企業数に応じて、☆印を付した。

　情報的資源について再度考察すると、全体としてほとんどの項目でTR認定

表22　政策効果の第1プロセスにおける変化（3社の事例）：情報的資源の提供

変数	項　　目	TR事業による支援後の変化			
		笑美面社	I&C社	ムラテック社	3社での変化度合評価
情報的資源	技術導入ルート	◎	◎	○	☆☆
	技術力	○	◎	○	☆
	広告のノウハウ	◎	◎	◎	☆☆☆
	プロジェクト遂行能力	◎	◎	○	☆☆
	事業計画策定能力	◎	◎	◎	☆☆☆
	外部ネットワーク	○	◎	◎	☆☆
	社員のモチベーション	◎	◎	○	☆☆
	資金調達力	◎	◎	×	☆☆
	製品・サービス開発	◎	◎	△	☆☆
	プロモーション機会	△	◎	◎	☆☆
	事業化スピード	◎	◎	○	☆☆
	市場情報の獲得ルート	○	◎	○	☆
	販路開拓	◎	◎	◎	☆☆☆
	信用力や知名度	◎	◎	○	☆☆

後の支援による変化が確認できる。その中でも、とりわけ3社すべてで変化が著しいのは、「広告ノウハウ」、「事業計画策定能力」、「販路開拓」であることがわかる。

考察

次に、図6の支援の第1プロセスである提供、第2プロセスである資源創出という視点から3社の事例を考察する。

TR事業の笑美面社への支援による情報的資源の提供の顕著な例として、信用力・知名度がある。笑美面社がTR事業において最も期待した支援内容でもある。信用力が重要な理由は、信用というのは企業の外部において蓄積される

企業特異性の高い経営資源であり、企業に個性を与え、かつ競争力の源泉になり得るもの（伊丹, 1984）だからである。

信用力については、著名効果（お墨付き効果）と Baum and Oliver（1991, 1992）や伊藤（2006b）の先行研究がある[34]。こうした先行研究から、外部によるお墨付きが信用力獲得につながる有力な手段の１つであることがわかっている。

TR 事業を実施する大阪市は公的機関として信用があり、著名さを持っている。TR 事業の支援の中で、認定企業は大阪市のお墨付きと著名さから信用力を獲得し、外部に蓄積している。笑美面社は、TR 事業を通じて企業特異性のある情報的資源として信用力を獲得している。これによって、大事な取引先であり、顧客についての有力な情報源である病院、ケースワーカー、ケアマネジャーに加えて、自治体、利用者、利用者の家族に対しても信頼関係を築き、情報の非対称性を解消し、新たな顧客の開拓へとつなげている。さらに、金融機関からの評価の向上、投資家からの信頼も深めており、資金調達力の向上という資源創出を果たしている。

TR 事業の I&C 社への支援による情報的資源の提供の顕著な例として、笑美面社と同様に、信用力・知名度がある。TR 事業認定後には、国内および海外でその効果がみられた。

国内では、日本経済新聞、日経産業新聞、朝日新聞に加え、東洋経済オンライン、NHK やテレビ東京系列の番組でも LAP 事業が取り上げられ、知名度を大幅に高めた。一般的に中小企業は知名度が低く、経営資源の制約から知名度を高めるための宣伝・広告費に投入できる資源はほとんどない。こうした情報の非対称性を補完するために、費用をかけずにマスメディアに取り上げられ、知名度を上げることの効果は計り知れない。

海外では、デンマーク外務省の国家プロジェクト認定、展示会出展も TR 事業を行う大阪市のお墨付きによる信用の下、認定を受けたことから対外的な信

---

[34] 3 - 5 - 2 を参照。

用を得ることができた。その資源をもとに、国内外での販路開拓とプロモーション機会という資源創出につなげている。

　TR事業のムラテック社への支援による情報的資源の提供の顕著な例として、外部ネットワークがある。TR事業関係の展示会への出展が、近畿経済産業局担当者の関心を引き、当局主催の「スマートエネルギー推進セミナー」での講演を依頼された。また、大阪産業創造館での介護系展示会で知り合ったオムロンの社員が、スマート見張り隊に興味を示した。その社員から展示会や講演の紹介を受け、その中の1つ「八子クラウド座談会」で講演を行い、IoT関係の人たちとの人脈が爆発的に広がった。その座談会は、ムラテック社、NTT、ニフティの3社中心で行われた。そこにおいて、NTTとパートナーシップが広がり、そのことでもって製品に箔がついて、著名効果も獲得している。このパートナーシップから2017年8月、NTT西日本の「光BOX＋」とスマート見張り隊の連携へとつなげて、結果、スマートテレビのセットトップボックスが、Z-WAVE無線とセンサ制御が可能となった。

　加えて、TR事業の支援期間中、元大日本インキ化学工業や元Panasonicの技術に精通した専門家であるコーディネーターから、販路開拓につながる可能性のある企業の紹介もしてもらい、外部ネットワークを広げてプロモーション機会を増やしている。これを裏付けるエビデンスとして、引き合い・商談件数はTR事業に認定された2013年度、2014年度の2年間で54件にのぼり、商談相手は、介護、建材、賃貸住宅、ペット、金融、コンサルタント、自治体と多岐にわたってプロモーション機会を大きく広げたことが確認できた。「中小企業は外部とのつながりが乏しく、プロモーションの機会は極めて少ない。TR事業に関係する場にこちらから動けば、いろいろと紹介をもらえて、中小事業所にとっては本当にありがたい」（ムラテック社の森氏）。こうした新しいプロモーション機会という資源創出から、ムラテック社は東証一部建材商社「北恵」と正式契約にまで至っている。このような事実から、外部ネットワークという情報的資源獲得が、新たな資源創出であるプロモーション機会を増加させていることがわかる。

以上の考察から、TR事業の効果は2つに整理できよう。

　第一に、TR事業による支援が、企業特異性が高い信用力・知名度、外部ネットワークの不足という中小企業が抱える情報の非対称性を補完している（図6の第1プロセス）。第二に、支援により獲得した情報的資源をもとにして、企業みずから新しい資源創出を行っている（図6の第2プロセス）。

　3社の事例分析から、図6の第2プロセスである資源創出について整理したものが表23である。

表23　政策効果の第2プロセスにおける変化（3社の事例）
：情報的資源の活用による資源創出

	提供された情報的資源	新たに創出した資源
笑美面社	信用力・知名度	資金調達力、販路開拓
I&C社	信用力・知名度	販路開拓、プロモーション機会
ムラテック社	外部ネットワーク	プロモーション機会

　確認した資源創出の先行研究（Baker and Nelson, 2005; Bowman and Collier, 2007）から、資源創出のためには、資源の関係性への気づきが重要であることがわかる。3社の事例において、この資源の関係性の気づきを見出すことができる。表23にあるように、笑美面社とI&C社は「信用力・知名度」という情報的資源を獲得している。笑美面社はこうした情報的資源の獲得から、大事な取引先であり、顧客についての有力な情報源である病院、ケースワーカー、ケアマネジャーに加えて、自治体、そして利用者や利用者の家族に対しても信頼関係を築いていくなかで気づきを得て、新たな販路開拓という資源創出へとつなげている。また、金融機関からの評価の向上、投資家からの信頼が深まることから、資金調達力の向上という資源創出も果たしている。

　I&C社は、TR事業を行う大阪市のお墨付きをもとにした新たな資源への関係性を探索し、デンマーク外務省の国家プロジェクト認定、海外の展示会出展というI&C社がかねてから目指していた海外展開、海外展示会での製品の認知度の向上へとつなげている。このように、獲得した信用力という情報的資源

を梃子にして、海外での販路開拓およびプロモーション機会という資源創出につなげている。

　ムラテック社は、TR 事業関係の展示会への出展が近畿経済産業局担当者の関心を引き、当局主催の「スマートエネルギー推進セミナー」での講演を依頼された。また大阪産業創造館での介護系展示会で知り合ったオムロンの社員がスマート見張り隊に興味を示し、その社員から展示会や講演の紹介を受け、その中の「八子クラウド座談会」で講演を行い、その結果、IoT 系の人との人脈が爆発的に広がった。また、その座談会をきっかけにして、ムラテックはNTT 西日本とパートナーシップを結ぶに至り、NTT 西日本の「光 BOX ＋」とスマート見張り隊との連携を実現させている。こうした事実から、外部ネットワークという情報的資源の獲得をもとに人的な関係性を拡張させていく中で、プロモーション機会の増大という新しい資源創出へとつなげている。

　以上から、3 社ともにまず TR 事業による支援により提供された情報的資源から、他の資源の創出を図れるかという関係性への気づきに注力する。次に、獲得した情報的資源を梃子にして、自社がそれまでにもたない、あるいは乏しい新たな資源創出を工夫しているのである。

　こうした 3 社が情報的資源を獲得して、そこでとどまらずに、それを梃子に新たな資源創出を図るということから、企業の持つ能力の存在が示唆される。その能力とは、吸収能力（absorptive capacity）（Cohen and Levinthal, 1990）である。Cohen and Levinthal（1990, p.128）は、吸収能力を「新たな外部情報の価値を認識し、それを吸収し、商業目的に応用する能力」とした。企業の吸収能力は、学習や革新的能力のための重要な能力である（Cohen and Levinthal, 1990）。吸収能力の概念は、外部に存在する知識の価値を認識し、それを獲得するだけではなく、獲得された知識が組織内で活用されることで、新しい価値を創造し、商業目的までを射程におさめようとする。本節で明らかにしたように、3 社は情報的資源を獲得するだけで終わりにせず、獲得した情報的資源を活用して、新しい資源を創出し、経営成果へとつなげている。ここに、情報的資源を活用する能力としての吸収能力の存在を見てとれるのである。

まとめと展望

　これまで、情報的資源について、パイロット調査における事例研究から、中小企業が獲得した情報的資源をもとにして、新たな資源の創出を図っているという発見について、実証的に検討してきた。

　情報的資源の分析フレームワークを用いて、TR事業に認定された3社をまとめた形で、改めて効果を検証した。その結果、3社ともにTR事業は、専門家による情報的資源の提供が、ほとんどでプラスの効果を発揮していることから、その提供による支援が情報の非対称性を補完する役割を果たしている（図6の第1プロセス）。また、3社に共通して、支援により著しい変化を示したのは、広告ノウハウの提供、事業計画策定能力の向上、販路開拓であることが発見できた。加えて、外部ネットワークの拡大がプロモーション機会の増加につながり、そして信用力・知名度の補完が資金調達力の向上や国内および海外における販路開拓の実現につながるという獲得した情報的資源をもとにした、資源創出への効果も明らかになった（図6の第2プロセス）。

　本節では、中小企業支援政策に関する新たな理論的フレームワークの提示を試みている。その理論的フレームワークは、政策効果を2段階のプロセスから説明するものである。第1プロセスは、イノベーション促進政策の支援効果として情報的資源の獲得があり、情報の非対称性を補完・解消する。第2プロセスは、支援により提供された情報的資源を梃子にして、新たな資源創出につなげるという資源間関係についてのフレームワークを示した。

　3社の事例研究から、支援を受けた企業は情報的資源の獲得をもとにして、自らが新しい資源を創造していることを発見した。イノベーション促進支援の効果測定に、「情報的資源」という新たな柱となる指標を既に示したが、さらにそれに関係する説明概念として、「資源創出」を提示した。

　中小企業は単に支援による資源の獲得で終わるのではなく、支援で獲得した資源の潜在的な可能性を探索し、他の資源との関係性に焦点を当て、どのような用途に用いるかについての気づきを得ることで、中小企業が自力で資源創出を実現できる可能性をこの研究は示唆している。福嶋・権（2009）は、資源ベー

ス論[35]（Wernerfelt, 1984; Barney, 1986）では、資源をいかに認識し、他企業とは異なる資源へと転化していったという資源創出についてはほとんど触れられていない、と批判している。本研究は、こうした資源ベース論の限界を3社の事例から乗り越えようと試みている。資源そのものは、予めその用途が決まっているわけではなく、経営者がある用途への利用を決めて「用役」に転換した時、資源は初めてその価値を発現させるのである（Penrose, 1959）。

　今後の研究の展望は、提供されたさまざまな情報的資源が誘因となり、それを梃子にどのような新たな資源創出へとつなげて、さらに最終成果（引き合い・問い合わせ、売上、成功の見通し、事業の黒字化、事業の継続性）につながるのかという関係性を明らかにすることである。こうした関係性の解明には、本論の方で用いた PLS-SEM 分析が考えられよう。

　今後はインタビュー、質問票調査の分析対象の数を増やすことを試み、提示した情報的資源を梃子にして新たな資源創出につなげるとの資源間関係についての仮説の妥当性を高める検証作業が必要である。

---

[35] 脚注 15 を参照のこと。

あとがき

　本書は、立命館大学大学院に提出・受理された博士学位論文『自治体の中小企業イノベーション促進政策の効果　－市場志向と情報的資源の視角からの分析－』の内容である。調査データは、2018年6月から2019年9月までのものである。論文の大枠は、2019年12月までに書かれたものである。ただし、本書の刊行にあたり中小企業のイノベーション（新規事業）、自治体の中小企業政策に携わる実務家はもとより、ビジネスに関心のある一般読者の方々にも広く手に取っていただけたらという願いから、より簡潔な記述へといくつか手直しした箇所があり、また章や節の見出しでは手を入れたところも多い。

　研究に関して、本書のもととなった博士論文の執筆にあたり、指導教官の名取隆先生（立命館大学大学院）には、時に厳しく、徹底したご指導をいただいた。論文内容については、いつも遠慮のない自由闊達な議論を歓迎して下さり、研究活動を光ある方向へと導いていただいた。心から感謝を申し上げたい。研究室の同僚であった大谷隆児氏にも御礼を申し上げる。

　思索の醍醐味を教わり、学問の世界へとお導きいただいた亀山健吉先生（日本女子大学）、筋道を立てて一貫して理詰めで考え抜くという姿勢を叩き込んでいただいた西脇与作先生（慶應義塾大学）、Stephen Mumford 先生（Durham University）という3人の哲学者にもこの場を借りて御礼を申し上げなければならない。

　本書の刊行が可能になったのは、「2019年度秋学期　立命館大学大学院博士課程後期課程　博士論文出版助成制度」による助成を受けられたお蔭である。篤く御礼を申し上げる次第である。

　本書の出版に際して、出版を引き受けて下さった株式会社同友館代表取締役社長

の脇坂康弘氏、そして最後まで熱心に仕事にあたって下さった出版部の佐藤文彦氏にお世話になった。ここに記して深い謝意を表したい。

本書の装丁では、著者の既刊書『日産モノづくりの知識創造経営 ―知識創造を促進する行為とリーダーシップ―』に続き、今回も気持ちよく承諾してくれた友人、かじたにデザインの梶谷芳郎氏に心から感謝したい。

調査に関して、質問票調査にご協力いただいた大阪トップランナー育成事業認定企業のみなさん、インタビューにご協力いただいた株式会社笑美面代表取締役社長の榎並将志氏、株式会社 I&C 代表取締役社長の佐田幸夫氏、ムラテックシステム株式会社代表取締役社長（現 コトソリューションズ代表取締役社長）の森秀樹氏、に心から御礼を申し上げる。大阪市経済戦略局、公益財団法人大阪市都市型産業振興センターのみなさんには多大なご協力をいただき、ここに感謝を申し上げたい。

こうしたお世話になったみなさんに本書を捧げたい。

最後に、苦境の時に本当の愛はわかるといわれるが、これまでその時々に変わらず著者を心身ともにいつも支え、温かく、明るく励まし続けてくれた母上、洋子に愛の大切さを教えられた。真心を込めて感謝の気持ちを伝えたい。

2020 年 6 月 27 日
琉球の海を臨んで
松平 好人

【参考文献】

A

Aaker, A. D. (1988) *Strategic Market Management*, 2nd ed., New York: John Wiley & Sons, Inc.

Abdullah, M. A. (1999) "The accessibility of the government-sponsored support programmes for small and medium-sized enterprises in Penang", *Cities*, 16(2), pp.83-92.

Adler, P. S., Goldoftas, B., and D. I. Levine. (1999) "Flexibility versus Efficiency? A Case Study of Model Changeovers in the Toyota Production System," *Organization Science*, 10(1), pp.43-68.

Akerlof, G. A. (1970) "The Market for Lemons: Quality Uncertainty & the Market Mechanism," *Quarterly Journal of Economics*, 84, pp.488-500.

青山和正（2011）『精解中小企業論』同友館.

Argyris, C. and D. A. Schon. (1978) *Organizational Learning: A theory in Action Perspective*, New York: Addison-Wesley.

有田辰男（1990）『戦後日本の中小企業政策』日本評論社.

有沢広巳（1957）「日本における雇用問題の基本的考え方」日本生産性本部編『日本の経済構造と雇用問題』.

Armenakis, A. A., Harris, S. G., and K. W. Mossholder. (1993) "Creating readiness for organizational change," *Human Relations*, 46: pp.681-703.

Arrow, K. J. (1974) *The Limits of Organization*, New York: Norton.

Atuahene-Gima, K. (1995) "An Exploratory Analysis of the Impact of Market Orientation on New Product Performance," *Journal of Product Innovation Management*, 12(4), pp.275-293.

Audretsch, D. B., A. N. Link and J. T. Scott. (2001) "Statistical Analysis of the National Academy of Sciences Survey of SBIR Awardees: Analyzing the Influence of the Fast Track Program," in Charles Wessner (ed.), *The Small Business Innovation Research Program (SBIR): An Assessment of the Department of Defense Fast Track Initiative*, Washington, D.C.: National Academy Press, pp.275-290.

Audretsch, D. B. (2003) "Standing on the Shoulders of Midgets: The U.S. Small Business Innovation Research Program (SBIR)," *Small Business Economics*, 20, pp.129-135.

Aykana, E., Aksoylub, S. and E. Sönmez. (2013) "Effects of Support Programs on Corporate Strategies of Small and Medium-Sized Enterprises", *Social and Behavioral Sciences*, 99, pp.938-946.

B

Baker, T. (1994) *Doing Social research*, 2nd ed., New York: McGraw-Hill Inc.

Baker, W. and J. Sinkula. (2002) "Market Orientation, Learning Orientation and Product Innovation: Delving into the Organization's Black Box," *Journal of Market-Focused Management*, 5(1), pp.5-23.

Baker, T. and E. R. Nelson. (2005) "Creating Something from Nothing: Resource Construction through Entrepreneurial Bricolage," *Administrative Science Quarterly*, 50, pp.329-366.

Barnard, C. I. (1938) *The Functions of the Executive*, Cambridge, MA: Harvard University Press.

Barney, J. B. (1986) "Types of competition & the theory of strategy: Toward an integrative framework," *Academy of Management Review*, 11, pp.791-800.

Barney, J. B. (2001) *Gaining and Sustaining Competitive Advantage*, 2ed ed. Prentice Hall. (岡田正大訳『企業戦略論（上・中・下）』ダイヤモンド社, 2003 年).

Baum, J. A. C. and C. Oliver. (1991) "Institutional Linkages and Organizational Mortality," *Administrative Science Quarterly*, 36, pp.187-218.

Baum, J. A. C. and C. Oliver. (1992) "Institutional Embeddedness and the Dynamics of Organizational Populations," *American Sociological Review*, 57, pp.540-559.

Bennett, R. J. (2007) "Expectations-based evaluation of SME advice & consultancy: an example of business link service," *Journal of small business & enterprise development*, 14(3), pp. 435-457.

Bennett, R. J., Robson, P. J. A., and W. J. A. Bratton. (2001) "Government advice networks for SMEs: an assessment of the influence of local context on Business Link use, impact & satisfaction," *Applied Economics*, 33(7), pp.871-885.

Bennett, R. J. and P. J. A. Robson. (2003) "Changing Use of External Business Advice and Government Support during the 1990s", *Regional Studies*, 37(8): pp.795-811.

Berthon, P. J., Hulbert, M. and L. F. Pitt. (1999) "To serve or create? Strategic Orientations toward Customers and Innovation," *California Management Review*, 42(1): pp.37-59.

Bonoma, V. T. (1984) "Making Your Marketing Strategy Work," *Harvard Business Review*, 62(2), pp.69-74.

Bowman, C. and N. Collier. (2006) "A contingency approach to resource-creation processes," *International Journal of Management Reviews*, 8(4), pp.191-211.

C

Chang, T. Z. and S. J. Chen (1998) "Market Orientation, Service Quality and Business Profitability: A Conceptual Model and Empirical Evidence," *Journal of Services Marketing*, 12(4), pp.246-264.

Chrisman, J. J., Hoy, F., Robinson, Jr. R. B., and R. R. Nelson (1987) "Evaluating the impact of SBDC consulting: a reply to Elstrott", *Journal of Small Business Management*, 25(1), p.72-75.

Chrisman, J. J. and W. E. McMullan. (2004) "Outsider Assistance as a Knowledge Resource for New Venture Survival", *Journal of Small Business Management*, 42(3), pp.229-244.

中小企業庁編（1963）『中小企業基本法の解説—新しい中小企業の指針』日本経済新聞社.

中小企業庁編（2000）『新中小企業基本法—改正の概要と逐条解説』同友館.

Cohen, W. M., and D. A. Levinthal. (1990) "Absorptive capacity: A new perspective on learning and innovation," *Administrative Science Quarterly*, 35, pp.128-152.

Conner, K. R. (1991) "A historical comparison of resource-based theory & five schools of thought within industrial organization economics: Do we have a new theory of the firm?" *Journal of Management*, 17(1), pp.121-154.

Crépon, B. and E. Duguet. (2003) "Bank loans, start-up subsidies and the survival of the new firms: an econometric analysis at the entrepreneur level," *EUREQUA* (2003) 77, pp.1-48.

D

Day, G. (1984) *Strategic Marketing Planning*, New York: West Publishing Company.

Day, G. (1994) "The Capabilities of Market-Driven Organization," *Journal of Marketing*, 58 (October), pp.37-52.

Day, G and R. Wensley. (1988) "Assessing Advantage: A Framework for Diagnosing Competitive Superiority," *Journal of Marketing*, 52(2), pp.1-20.

Deng, S. and J. Dart. (1994) "Measuring Market Orientation: A Multi-Factor, Multi-Item Approach", *Journal of Marketing Management*, 10(8), pp.725-742.

Deshpandè, R., Farley, J. U. and F. E. Webster, Jr. (1993) "Corporate Culture, Customer Orientation, and Innovativeness in Japanese Firms: A Quadrad Analysis," *Journal of Marketing*, 57(1), pp.23-27.

Deshpandè, R. and J. U. Farley. (1996) "Understanding Market Orientation: A Prospectively Designed Meta-analysis of Three Market Orientation Scales," *Marketing Science Institute Report*, pp.96-125.

Deshpandè, R. and J. U. Farley. (1998) "Measuring Market Orientation: Generalization and Synthesis," *Journal of Market-Focused Management*, 2(3), pp.213-232.

Dickson, P. R. (1992) "Toward a General Theory of Competitive Rationality, *Journal of Marketing*, 56(1), pp.69-84.

Drucker, P. F. (1954) *The Practice of Management*, New York: Harper & Brothers.

Drucker, P. F. (1973) *Management: Tasks, Responsibilities, Practices*, Harper and Row, Publishers, Inc.

Duncan, R. B. (1976) "The Ambidextrous Organization: Designing Dual Structures for Innovation ," In R. H. Kilmann, L. R. Pondy and D. Slevin (Eds.), *The Management of Organization* (Vol.1, pp.167-188), New York, NY: North-Holland.

Duncan, R. B. (1979) "What is the Right Organization Structure?" *Organizational Dynamics*, 7, pp.59-80.

E

Eisenhardt, K. (1989) "Building Theories from Case Study Research", *The Academy of Management Review*, 14(4), pp.532-550.

Enjolras, M., Galvez, D., Camargo, M. and L. Morel. (2015) "Supporting SMEs' IP capabilities: Impact study of INPI pre-diagnosis through the use of the AIDA approach", *World Patent Information*, 40, pp.21-29.

江島由裕・石井義明（2003）「米・英・日の中小企業施策の現状と評価」UFJ Institute REPORT, 8(3).

江島由裕（2006）「外部経営資源が中小企業に与える影響分析」『日本ベンチャー学会誌　JAPAN VENTURES REVIEW』7, March.

江島由裕（2014）『創造的中小企業の存亡』白桃書房.

F

Feldman, M. P. (2001) "Role of the Department of Defense in Building Biotech Expertise ," in Charles Wessner (ed.), *The Small Business Innovation Research Program (SBIR): An Assessment of the Department of Defense Fast Track Initiative*, Washington, D.C.: National Academy Press, pp.251-274.

Felton, A. (1959) "Making the Marketing Concept Work," *Harvard Business Review*, 37, pp.55-65.

Foreman-peck, J. (2013) "Effectiveness and Efficiency of SME Innovation Policy," *Small Business Economics*, 41(1), pp.55-70.

Freeman, C. and L. Soete. (1997) *The Economics of Industrial Innovation* (3rd ed.), MIT Press, Cambridge, MA.

福嶋路・権奇哲（2009）「資源創出理論序説」『日本ベンチャー学会誌』No.14, pp.23-32.

G

Gainer, B. and P. Padanyi. (2002) "Applying the Marketing Concept to Cultural Organisations: an Empirical Study of the Relationship between Market Orientation and Performance," *International Journal of Nonprofit and Voluntary Sector Marketing*, 7(2), pp.182-193.

Gainer, B. and P. Padanyi. (2005) "The Relationship between Market-oriented Activities and Market-oriented Culture: Implications for the Development of Market Orientation in Nonprofit Service Organizations," *Journal of Business Research*, 58, pp.854-862.

Gatignon, H. and J. M. Xuereb. (1997) "Strategic Orientation of the Firm and New Product Performance," *Journal of Marketing Research*, 34(1): pp.77-90.

Gebhardt, F. G., Carpenter, G. S. and J. F. Sherry Jr (2006) "Creating a Market Orientation: A Longitudinal, Multifirm, Grounded Analysis of Cultural Transformation," *Journal of Marketing*, 70(4), pp.37-55.

Gibson, C. B., and Birkinshaw, J. (2004) "The Antecedents, Consequences, and Mediating Role of Organizational Ambidexterity ," *Academy of Management Journal*, 47(2), pp.209-226.

合力知工（2005）「資源展開戦略に関する一考察」『福岡大学商学論叢 49（3・4)』 pp.463-493.

Greco, G. M., Paronitti, G., Turilli, M. and L. Floridi. (2005) "The Philosophy of Information: A Methodological Point of View", the 3rd Conference Professional Knowledge Management Conference Paper, April.

H

Hair, J. F., Hult, G. T. M., Ringle, C. M. and M. Sarstedt. (2017) *A Primer on Partial Least Squares Structural Equation Modeling* (PLS-SEM), 2nd ed., Sage, Thousand Oaks, CA.

Harada, A., and Y. Kano. (1998) *SEFA (Stepwise Exploratory Factor Analysis) program manual* (Technical Report of Statistical Group DATA, DATA98-04), Osaka: Osaka University, Faculty of Human Sciences.

Hartšenko, J. and A. Sauga. (2013) "The role of financial support in SME and economic development in Estonia", *Business and Economic Horizons*, 9(2), pp.10-22.

橋本淳樹・田中豊（2010）「PLS 回帰におけるモデル選択」『アカデミア，情報理工学編：南山大学紀要』10, pp.1-11.

一橋大学イノベーション研究センター編（2001）『イノベーション・マネジメント入門』日本経済新聞社.

本多哲夫（2012）「大都市自治体の中止企業政策とイノベーション支援—大阪市を事例とした行財政分析—」日本中小企業学会編『中小企業のイノベーション（日本中小企業学会論集 31)』同友館, pp.30-45.

本多哲夫（2012）「大都市自治体の中小企業政策と都市政策（上）—大阪市を事例として—」『経営研究（大阪市立大学)』63(2), pp.1-26.

本多哲夫（2013）『大都市自治体の中小企業政策—大都市にみる政策の実態と構造—』同友館.

本多哲夫（2016）「自治体における中小企業政策と政策評価—大阪市のビジネスマッチング支援のケーススタディ—」『経営研究（大阪市立大学）』67(2), pp.1-18.

Hsu, F. M., Horng, D, J. and C. C. Hsueh. (2009) "The effect of government-sponsored R&D programmes on additionality in recipient firms in Taiwan", *Technovation*, 29(3), pp.204-217.

I

池田潔（2002）『地域中小企業論—中小企業研究の新機軸—』ミネルヴァ書房.

Im, S. and J. P. Workman, Jr. (2004) "Market Orientation, Creativity, and New Product Performance in High-Technology Firms," *Journal of Marketing*, 68(2), pp.114-132.

Ingersoll, G.L., Kirsch, J. C., Merk, S. E., and J. Lightfoot. (2000) "Relationship of Organizational Culture and Readiness for Change to Employee Commitment to the Organization," *Journal of Nursing Administration*, 30(1), pp.11-20.

猪口純路（2012）「市場志向研究の現状と課題」『マーケティングジャーナル』31(3), pp.119-131.

井上善海・佐久間信夫編著（2008）『よくわかる経営戦略』ミネルヴァ書房.

石井芳明（2010）「中小企業・ベンチャー企業の公的支援策の政策評価に関する考察」『産業経営』第46・47合併号, pp.53-69.

石田大典・岩下仁・恩藏直人, イム・スビン（2007）「市場志向が新製品開発におよぼすインパクト」『商品開発・管理研究』3(1), pp.19-37.

伊丹敬之（1980）『経営戦略の論理』日本経済新聞社.

伊丹敬之（1984）『新・経営戦略の論理』日本経済新聞社.

伊丹敬之（2012）『経営戦略の論理 第4版』日本経済新聞社.

Itami, H., with Roehl, T. W. (1987) *Mobilizing Invisible Assets*, Cambridge, MA: Harvard University Press.

伊丹敬之・加護野忠男（2003）『ゼミナール経営学入門 第3版』日本経済新聞社.

伊丹敬之・森健一編（2006）『技術者のためのマネジメント入門』日本経済新聞社.

伊藤嘉浩（2006a）「新事業開発プロセスにおける社外の著名企業の効果—キヤノンの3DCGの新規事業の事例分析—」『イノベーション・マネジメント』No. 3, pp.81-102.

伊藤嘉浩（2006b）「新規事業開発プロセスにおける社外からの著名効果：キヤノン

の次世代半導体ウェハのイノベーションの事例分析」『山形大学大学院社会文化システム研究科紀要』第 3 号, pp.91-106.

伊藤嘉浩（2013）『新規事業開発のマネジメント　社外からの著名効果の分析』白桃書房.

伊藤嘉浩（2016）「新規事業開発における資源獲得正当化のための企業間お墨付きの論理—キヤノンの事例分析—」『日本経営学会誌』第 37 号, pp.15-28.

岩下仁（2012a）「マーケティングにおける市場志向の二元性の解明」『早稲田大学大学院商学研究科紀要』74, pp.51-75.

岩下仁（2012b）「統一的市場志向尺度の検討—二元性問題を解決するマーケティング志向尺度の開発—」『産業経営』早稲田大学産業経営研究所, 49, pp.39-62.

岩下仁・石田大典・恩藏直人（2014）「市場志向が商品開発優位性に及ぼすメカニズム—ナレッジマネジメント・アクティビティの効果—」『流通研究』日本商業学会, 16(4), pp.13-33.

J

Jaworski, B. (1988) "Toward A Theory of Marketing Control: Environmental Context, Control Types, and Consequences ," *Journal of Marketing*, 52(3), pp.23-45.

Jensen, M. B., Johnson, B., Lorenz, E. and B. A. Lundvall. (2007) "Forms of knowledge and modes of innovation", *Research Policy*, 36, pp.680-693.

Jones, E., Busch, P. and P. Dacin. (2003) "Firm Market Orientation and Salesperson Customer Orientation: Interpersonal and Intrapersonal Influences on Customer Service and Retention in Business-to-Business Buyer-Seller Relationships," *Journal of Business Research*, 56(4), pp.323-340.

Jun, S. P., Kim, S. G. and H. W. Park. (2017) "The mismatch between demand and beneficiaries of R&D support programs for SMEs: Evidence from Korean R&D planning programs ," *Technological Forecasting and Social Change*, 116, pp.286-298.

K

Kaivanto, K. and P. Stoneman. (2007) "Public provision of sales contingent claims backed finance to SMEs: A policy alternative", *Research Policy*, 36(5), pp.637-651.

加護野忠男（1988）『組織認識論』千倉書房.

加護野忠男（1997）「日本企業における組織文化と価値の共有について」『組織科学』31(2), pp.4-11.

加護野忠男編著（2003）『企業の戦略』八千代出版.

Kang, K. N. and H. Park. (2012) "Influence of government R&D support and inter-firm collaborations on innovation in Korean biotechnology SMEs", *Technovation*, 32(1), pp.68-78.

Kano, Y. and A. Harada. (2000) "Stepwise variable selection in factor analysis," *Psychometrika*, 65(1), pp.7-22.

鹿住倫世（2000）『資金支援から経営ノウハウ支援へ』経済セミナー, 日本評論社, No.548.

鹿住倫世（2001）「中小企業基本法改正における中小企業観の拡張と政策理念の転換」日本中小企業学会編『中小企業政策の「大転換」（日本中小企業学会論集 20)』同友館, pp.17-33.

Kaufmann, A. and F. Tödtling. (2002) "How effective is innovation support for SMEs? An analysis of the region of Upper Austria", *Technovation*, 22, pp.147-159.

川上智子（2005）『顧客志向の新製品開発―マーケティングと技術のインターフェイス―』有斐閣.

川名和美（2012）「地方自治体の産業振興ビジョンと中小企業―広島県を事例として―」日本中小企業学会編『中小企業のイノベーション（日本中小企業学会論集 31)』同友館, pp.230-242.

Keith, R. J. (1960) "The Marketing Revolution," *Journal of Marketing*, 24(1), pp.35-38.

経済企画庁編（1957）『経済白書 昭和 32 年度』.

Keizer, J. A., Dijkstra, L. and J. I. M. Halman. (2002) "Explaining innovative efforts of SMEs.: An exploratory survey among SMEs in the mechanical and electrical engineering sector in The Netherlands ," *Technovation*, 22, pp.1-13.

Kirca, H. A., Jayachandran, S. and O. M. Bearden. (2005) "Market Orientation: A Meta-Analytic Review and Assessment of Its Antecedents and Impact on Performance," *Journal of Marketing*, 69, pp.24-41.

清成忠男（1997）『中小企業読本』東洋経済新報社.

清成忠男（2009）『日本中小企業政策史』有斐閣.

Kohli, K. A. and B. J. Jaworski. (1990) "Market Orientation: The Construct Research Propositions, and Managerial Implications," *Journal of Marketing*, 54(2), pp.1-18.

Kohli, K. A., Jaworski, B. A. and A. Kumar. (1993) "MARKOR: A Measure of Market Orientation," *Journal of Marketing Research*, 30(4), pp.467-477.

小出宗昭（2009）『100 戦 100 勝の事業サポート術』近代セールス社.

小出宗昭（2018）『御社の「売り」を見つけなさい』ダイヤモンド社.

近藤健一（2016）「自治体の中小企業イノベーション支援施策の間接的効果にかかる試論―経営革新計画承認制度を事例に―」『経営研究（大阪市立大学）』67(1), pp.67-87.

河野豊弘（1998）『変革の企業文化』講談社.

久保田進彦（2012）『リレーションシップ・マーケティング：コミットメント・アプローチによる把握』有斐閣.

黒瀬直宏（1997）『中小企業政策の総括と提言』同友館.

黒瀬直宏（2006）『中小企業政策』日本経済評論社.

黒瀬直宏（2012）『複眼的中小企業論』同友館.

桑原武志（2000）「自治体産業政策―その形成と類型―」植田浩史編『産業集積と中小企業―東大阪地域の構造と課題―』創風社, pp.203-226.

Kye, W. L. (2006) "Effectiveness of government's occupational skills development strategies for small- and medium-scale enterprises: A case study of Korea", *International Journal of Educational Development*, 26(3), pp.278-294.

L

Lafferty, B. A. and G. T. M. Hult. (2001) "A Synthesis of Contemporary Market Orientation Perspectives," *European Journal of Marketing*, 35(1/2), pp.92-109.

Lagacé, D. and M. Bourgault. (2003) "Linking manufacturing improvement programs to the competitive priorities of Canadian SMEs", *Technovation*, 23, pp.705-715.

Lamb, C. W. Jr., Hair, J. F. Jr. and C. McDaniel. (2012) *Marketing*, 12th ed. Nashville, TN: South-Western College Publishing.

Lambrecht, I. and F. Pirnay. (2005) "An evaluation of public support measures for private external consultancies to SMEs in the Walloon Region of Belgium", *Entrepreneurship and Regional Development*, 17, pp.89-108.

Langerak, F. (2001) "Effects of Market Orientation on the Behaviors of Salespersons and Purchasers, Channel Relationships, and Performance of Manufacturers," *International Journal of Research in Marketing*, 18(3), pp.221-234.

Larsson, E., Hedelin, L., and T. Gärling. (2003) "Influence of Expert Advice on Expansion Goals of Small Businesses in Rural Sweden", *Journal of Small Business Management*, 41(2), pp.205-212.

Lear, W. R. (1963) "No Easy Road to Market Orientation," *Harvard Business Review*, 41(5), pp.53-60.

Lerner, J. (1999) "The government as venture capitalist: the long-run impact of the SBIR program", *Journal of Business*, 72, pp.285-318.

Levinthal, D. A., and J. G. March. (1993) "The Myopia of Learning," *Strategic Management Journal*, 14, pp.95-112.

Lewis, K., Massey, C., Ashby, M., Coetzer, A. and C. Harris. (2007) "Business assistance for SMEs: New Zealand owner-managers make their assessment", *Journal of Small Business and Enterprise Development*, 14(4), pp.551-566.

Löfgren, K., T. Persson, and J. Weibull. (2002) "Markets with Asymmetric Information: The Contributions of George Akerlof, Michael Spence, & Joseph Stiglitz," *Scandinavian Journal of Economics* 104: pp.195-211.

Lukas, A. B. and O. C. Ferrell. (2000) "The Effect of Market Orientation on Product Innovation," *Journal of the Academy of Marketing Science*, 28(2), pp.239-247.

Lumpkin, G.T. and G. G. Dess. (1996) "Clarifying the Entrepreneurial Orientation Construct and Linking It to Performance," *The Academy of Management Review*, 21(1), pp.135-173.

M

March, J. G. (1991) "Exploration and Exploitation in Organizational Learning," *Organization Science*, 2(1), pp.71-87.

松平好人・名取隆（2019a）「中小企業に対するイノベーション促進政策の効果—「大阪トップランナー育成事業」認定企業の事例分析—」『関西ベンチャー学会誌』第 11 号, pp.81-90.

松平好人・名取隆（2019b）「大阪市による中小企業に対するイノベーション促進政策の効果—市場志向と情報的資源の視角から—」『日本地域政策研究』第 23 号, pp.74-81.

Matsudaira, Y. and T. Natori. (2019c) "The Effects of Support to Promote Innovation at SMEs by Local Governments in Japan: Market Orientation and Informational Resources", *International Journal of Japan Association for Management Systems*, 11(1), pp.81-89.

松平好人 (2020)「自治体の中小企業に対するイノベーション促進政策の効果—情報的資源の視角による分析—」『経営情報学会誌』28(4), pp.211-225.

松永桂子 (2007)「地域産業振興のための政策分析・地域比較」日本中小企業学会編『中小企業のライフサイクル (日本中小企業学会論集26)』同友館, pp.98-111.

Matsuno, K., J. Mentzer, and A. Özsomer. (2002) "The Effects of Entrepreneurial Proclivity and Market Orientation on Business Performance," *Journal of Marketing*, 66(3), pp.18-32.

Matsuno, K., J. Mentzer and J. O. Rentz. (2000) "A Refinement and Validation of the MARKOR Scale," *Academy of Marketing Science Journal*, 28(4), pp.527-540.

Mavondo, F. and M. Farrell. (2003) "Cultural Orientation: Its Relationship with Market Orientation, Innovation and Organizational Performance," *Management Decision*, 41(3): pp.241-250.

Meuleman, M. and W. De Maeseneire. (2012) "Do R&D subsidies affect SMEs' access to external financing?" *Research Policy*, 41(3), pp.580-591.

Meyer, M. (2005) "Independent inventors and public support measures: insights from 33 case studies in Finland", *World Patent Information*, 27(2), pp.113-123.

Miles, E. R. and C. C. Snow. (1978) *Organizational Strategy, Structure, and Process*, New York: McGraw-Hill.

水越康介 (2006)「市場志向に関する諸研究と日本における市場志向と企業成果の関係」『マーケティングジャーナル』26(1), pp.40-55.

Modi, P. and D. Mishra. (2010) "Conceptualising Market Orientation in Non-Profit Organizations: Definition, Performance, and Preliminary Construction of Scale," *Journal of Marketing Management*, 26(5/6), pp.548-569.

Mohr, J., S. Sengupta, and S. Slater. (2010) *Marketing of High-Technology Products and Innovation*, 3rd ed., Pearson Prentice Hall.

Mole, K., Hart, M., Roper, S. and D. Saal. (2008) "Differential gains from business link support and advice: a treatment effects approach", *Environment and Planning C: Government and Policy*, 26, pp.315-334.

Mole, K., Hart, M., Roper, S. and D. Saal. (2009) "Assessing the Effectiveness of Business Support Service in England: Evidence from a Theory-Based Evaluation", *International Small Business Journal*, Sep. 22, pp.557-580.

Morris, M. H., Coombes, S., Schindehutte, M. and J. Allen. (2007) "Antecedents and Outcomes of Entrepreneurial and Market Orientations in a Non-profit Context: Theoretical and Empirical Insights," *Journal of Leadership and Organizational Studies*, 13(4), pp.12-39.

牟礼早苗（1982）『中小企業政策論』森山書店.

N

中村金治（1965）『中小企業政策研究』協同出版.

中村高康（2007）「混合研究法」,『実践的研究のすすめ―人間科学のリアリティ』小泉潤二, 志水宏吉編, 有斐閣.

長山宗広（2010）「新しい産業集積の形成と地域振興」吉田敬一・井内尚樹編『地域振興と中小企業』ミネルヴァ書房, pp.119-150.

中田哲雄編（2013）『通商産業政策史 1980-2000 12 中小企業政策』独立行政法人経済産業研究所.

Narver, C. J. and S. F. Slater. (1990) "The Effect of a Market Orientation on Business Profitability," *Journal of Marketing*, 54(4), pp.20-35.

Narver, C. J., Slater, S. F. and D. L. MacLachlan. (2004) "Responsive and Proactive Market Orientation and New-Product Success," *The Journal of Product Innovation Management*, 21, pp.334-347.

名取隆（2015）「自治体による中小企業のイノベーション促進政策の方法と効果―「大阪トップランナー育成事業」の事例分析から―」『関西ベンチャー学会誌』第 7 号, pp.32-40.

名取隆（2017）「中小企業のイノベーション促進政策の効果―「大阪トップランナー育成事業」のアンケート調査を中心として―」『関西ベンチャー学会誌』第 9 号, pp.16-25.

延岡健太郎（2006）『MOT［技術経営］入門』日本経済新聞社.

Noble, C., Rajiv, S. and A. Kumar. (2002) "Market Orientation and Alternative Strategic Orientations: A Longitudinal Assessment of Performance Implications," *Journal of Marketing*, 66(4), pp.25-39.

O

OECD (2003) *Tax incentives for research and development: Trends and issues*, Paris: OECD publishing.

OECD (2011) *OECD Reviews of Regional Innovation Regions and Innovation Policy*, Paris: OECD publishing.

岡田知弘・高野祐次・渡辺純夫・秋元和夫・西尾栄一・川西洋史（2013）『中小企業振興条例で地域をつくる―地域内再投資力と自治体政策 増補版』自治体研究社.

岡室博之・西村淳一（2012）「知的クラスター政策の国際比較と評価―中小企業のイノベーション促進の視点から―」『社団法人中小企業研究センター年報 2012』, pp.3-17.

大林弘道（1996）「中小企業と産業政策・社会政策」巽信晴・佐藤芳雄編『新中小企業を学ぶ』第 16 章, 有斐閣.

大阪経済局編（1971）『大阪市経済施策の沿革と現状』大阪市経済局.

大沢正（1970）『中小企業政策史論―わが国中小企業政策発展の実証史的研究―』港出版社.

大谷隆児（2019）『製造業中小企業の新製品コンセプト開発への情報発信の効果について―資源創出理論の視点からの分析―』博士論文, 立命館大学大学院テクノロジー・マネジメント研究科.

P

PACEC (1998) *Business Links - Value for Money Evaluation: Final Report*, Cambridge: Public and Corporate Economic Consultants.

Park, K. J. and Y. Yoo. (2017) "Improvement of Competitiveness in Small and Medium-Sized Enterprises", *The Journal of Applied Business Research*, 33(1), pp.173-193.

Penrose, E. T. (1959) *The theory of the growth of the firm*, Oxford University Press, UK.

Peter, F. O., Adegbuyi, O., Olokundun, M. A., Peter, A. O., Amaihian, A. B. and S. A. Ibidunni. (2018) "Government financial support and financial performance of SMEs", *Academy of Strategic Management Journal*, 17(3), pp.1-10.

Pfeffer, J. and G. R. Salancik. (1978) *The External Control of Organizations*, New York: Harper & Row.

Podolny, J. M. and T.E. Stuart. (1995) "A Role-Based Ecology of Technological Change", *American Journal of Sociology*, 100(5), pp.1224-1260.

Polit, D.F., Beck, C.T. and Hungler, B.P. (2001) *Essentials of Nursing Research: Methods, Appraisal and Utilization*, 5th Ed., Philadelphia: Lippincott Williams & Wilkins.

Porter, M. (1985) *Competitive Advantage*, New York: The Free Press.

R

Rakićević, Z., Omerbegović-Bijelović, J., and G. Lazić-Rasović. (2013) "SMEs Support Planning Improvement Based on its Suitable Structure", *Management Journal for Theory and Practice Management*, 68, pp.31-40.

Reid, M., Luxton, S. and F. Mavondo. (2005) "The Relationship Between Integrated Marketing Communication, Market Orientation and Brand Orientation," *Journal of Advertising*, 34(4), pp.11-23.

Rothschild, M., and J. Stiglitz. (1976) "Equilibrium in Competitive Insurance Markets: An Essay on the Economics of Imperfect Information," *Quarterly Journal of Economics*, pp.259-280.

S

斎藤修（1984）「明治後期の府県勧業政策—予備的考察」一橋大学経済研究所編『経済研究』35(3).

酒井隆（2002）『調査・リサーチの進め方』日本経済新聞社.

沢井実（2012）『近代日本の研究開発体制』名古屋大学出版会.

Schumpeter, J. A. (1934) *The Theory of Economic Development*, Cambridge: Harvard University Press.（塩野谷祐一ほか訳『経済発展の理論（上，下）』岩波書店，1977 年）.

Schumpeter, J. A. (1942) *Capitalism, socialism and democracy*, George Allen & Unwin, New York.（中山伊知郎・東畑精一訳『新装版 資本主義・社会主義・民主主義』東洋経済新報社，1995 年）

Siguaw, J. A., Simpson, P. M and T. L. Baker. (1998) "Effects of Supplier Market Orientation on Distributor Market Orientation and the Channel Relationship: The Distributor Perspective," *Journal of Marketing*, 62(3), pp.99-112.

島崎哲彦・大竹延幸（2015）『社会調査の実際　統計調査の方法とデータの分析』学文社.

Sinkula, J., Baker, E. W and T. Noordewier. (1997) "A Framework for Market-Based Organizational Learning: Linking Values, Knowledge, and Behavior," *Academy of Marketing Science*, 25(4), pp.305-319.

Slater, S. and J. Narver (1994) "Does Competitive Environment Moderate the Market Orientation Performance Relationship?" *Journal of Marketing*, 58 (1), pp.1-19.

Slater, S. and J. Narver. (1998) "Customer-Led and Market-Oriented: Let's Not Confuse the Two," *Strategic Management Journal*, 19(10), pp.1001-1006.

Smith, J. B. and D. W. Barclay. (1997) "The Effects of Organizational Differences and Trust on the Effectiveness of Selling Partner Relationships," *Journal of Marketing* 61(1), pp.3-21.

総務省統計局（2014）『平成 26 年経済センサス―基礎調査』

Spence, M. (1973) "Job market signaling," *Quarterly Journal of Economics*, 87(3), pp.355-374.

Spence, M. (1974) *Market Signaling*, Harvard University Press, Cambridge.

Storey, D. J. (1994) *Understanding the Small Business Sector*, London: Routledge.

Storey, D. J. and B.S. Tether. (1998) "Public policy measures to support new technology-based firms in the European Union", *Research Policy*, 26, pp.1037-1057.

Stuart, T. E. and J. M. Podolny. (1996) "Local Search and the Evolution of Technological Capabilities," *Strategic Management Journal*, 17, Special Issue: Evolutionary Perspectives on Strategy (Summer, 1996), pp.21-38.

杉原薫（1995）「経営発展の基盤整備」宮本又郎・阿部武司編『日本経営史 2　経営革新と工業化』岩波書店.

鈴木修（2007）「『探索 (Exploration)』と『活用 (Exploitation)』との両立に関する考察：IRI ユビテックの事例を題材に」『Working Paper Series 043 Center for Japanese Business Studies』一橋大学大学院商学研究科, pp.1-14.

鈴木修（2012）「『探索』と『活用』のバランスの実現に関する考察：携帯電話端末の開発を題材に」『組織科学』45(4), pp.66-81.

T

Tae, H. M. and Y. S. So. (2005) "Intelligent approach for effective management of governmental funds for small and medium enterprises", *Expert Systems with Applications*, 29(3), pp.566-572.

髙田英亮（2014）「企業における市場知識の統合」渡辺直樹編著『企業の知識理論』中央経済社, pp.112-138.

谷富夫・芦田徹郎編（2009）『よくわかる質的社会調査　技法編』ミネルヴァ書房.

Tashakkori, A and C. Teddlie. (1998) *Mixed Methodology: Combining Qualitative & Quantitative Approaches*, Sage.

Teece, D. J. (1982) "Towards an Economic Theory of the Multiproduct Firm," *Journal of Economic Behavior & Organization*, 3(1), pp.39-63.

Teijlingen, van, E. Rennie, A. M., Hundley, V., and W. Graham. (2001) "The importance of conducting and reporting pilot studies: the example of the Scottish Births Survey", *Journal of Advanced Nursing*, 34(3): pp.289-295.

Teijlingen, van, E. and V. Hundley. (2001) "The importance of pilot studies", *social research UPDATE*, University of Surrey, Issue 35.

寺岡寛（2010）「『中小企業政策の日本的構図をめぐって』再考論―第20回大会での報告から10年経過して―」日本中小企業学会編『中小企業政策の再検討（日本中小企業学会論集29)』同友館, pp.17-31.

Tregear, A. (2003) "Market Orientation and the Craftsperson," *European Journal of Marketing*, 37(11-12), pp.1621-1635.

Tushman, M. L., and C. A. O'Reilly. (1996) "Ambidextrous Organizations: Managing Evolutionary and Revolutionary Change," *California Management Review*, 38(4), pp.8-30.

U

植田浩史（2005）「地方自治体と中小企業振興―八尾市における中小企業地域振興基本条例と振興策の展開―」中小企業家同友会全国協議会・企業環境研究センター『企業環境研究』10, pp.53-68.

植田浩史（2007）『自治体の地域産業政策と中小企業振興基本条例』自治体研究社.

植田浩史・北村慎也・本多哲夫編（2012）『地域産業政策―自治体と実態調査』創風社.

植田浩史・桑原武志・本多哲夫・義永忠一・関智宏・田中幹大・林幸治（2014）『中小企業・ベンチャー企業論　グローバルと地域のはざまで　新版』有斐閣.

V

Verbeke, W., Volgering, M. and M. Hessels. (1998) "Exploring the Conceptual Expansion within the Field of Organizational Behavior: Organizational Climate and Culture," *Journal of Management Studies*, 35(3), pp.303-329.

Voss, B. G. and Z. G. Voss. (2000) "Strategic Orientation and Firm Performance in An Artistic Environment," *Journal of Marketing*, 64(1), pp.67-84.

W

Ward, S., Girardi, A. and A. Lewandowska. (2006) "A cross-national validation of the Narver and Slater market orientation scale," *Journal of Marketing Theory and Practice*, 14(2), pp.155-167.

鷲尾紀吉 (2009)「マーケティング理論の発展とマーケティング・マネジメント論の展開」『中央学院大学商経論叢』24(1), pp.3-12.

渡辺幸男・小川正博・黒瀬直宏・向山雅夫 (2001)『21世紀中小企業論』有斐閣.

Webster, E. F. Jr. (1988) "The Rediscovery of the Marketing Concept," *Business Horizons*, 31(3), pp.29-39.

Weiner, B. J. (2009) "A theory of organizational readiness for change ," *Implementation Science*, 4: pp.67-75.

Wernerfelt, B. (1984) "A resource-based view of the firm," *Strategic Management Journal*, 5, pp.171-180.

Wessner, C. W. (2008) *An Assessment of the SBIR Program, National Research Council. Committee on Capitalizing on Science, Technology, and Innovation*, Washington, DC: National Academies Press.

Word, H. (1975) "Soft Modelling by Latent Variables: The Non-Linear Iterative Partial Least Squares (NIPALS) Approach," *Journal of Applied Probability*, 12(S1), pp.117-142.

Wren, C and D. Storey. (2002) "Evaluating the effect of soft business support upon small firm performative", *Oxford Economic Papers*, 54, pp.334-365.

X

Xiang, D. and A. C. Worthington. (2017) "The impact of government financial assistance on the performance and financing of Australian SMEs", *Accounting*

Research Journal, 3(4), pp.447-464.

Y

山田伸顯 (2009)『日本のモノづくりイノベーション―大田区から世界の母工場へ』
　　日刊工業新聞社.

山口栄一編 (2015)『イノベーション政策の科学　SBIR の評価と未来産業の創造』
　　東京大学出版会.

山本順一 (1977)「地方自治と中小企業」加藤誠一・水野武・小林靖雄編『経済政策
　　と中小企業―現代・中小企業基礎講座 2―』同友館, pp.233-264.

山岡徹 (2016)「組織における両利き経営に関する一考察」『横浜経営研究 (横浜国立
　　大学経営学部)』, 37(1), pp.44-54.

安田武彦・高橋徳行・惣那憲治・本庄裕司 (2007)『テキスト ライフサイクルから見
　　た中小企業論』同友館.

Yin, R. K. (1994) *Case Study Research Design and Methods*, 2nd ed., Thousand Oaks,
　　CA: Sage.

吉原英樹・佐久間昭光・伊丹敬之・加護野忠男 (1981)『日本企業の多角化戦略』日
　　本経済新聞社.

Z

Zhou, K. Z., Gao, G. Y., Yang, Z. and N. Zhou. (2005) "Developing Strategic Orienta-
　　tion in China: Antecedents and Consequences of Market and Innovation
　　Orientations," *Journal of Business Research*, 58(8), pp.1049-1058.

Zhou, K. Z., Yim, C. K. and D. K. Tse. (2005) "The Effects of Strategic Orientations
　　on Technology- and Market-Based Breakthrough Innovations," *Journal of Mar-
　　keting*, 69(2), pp.42-60.

大阪トップランナー育成事業認定企業様へ：アンケート調査ご協力のお願い

立命館大学大学院テクノロジー・マネジメント研究科
中小・ベンチャー企業研究室
研究代表者　　　　　　博士課程後期課程　松平　好人
共同研究者（指導教官）　教授　　　　　　名取　隆

大阪トップランナー育成事業
認定企業　ご担当者　様

　拝啓　貴社ますますご発展のこととお喜び申し上げます。
　さて、私たちは現在、大阪トップランナー育成事業を所管する大阪市経済戦略局様との共同研究として、大阪トップランナー育成事業に関する研究を行っております。研究テーマは「**自治体による新事業開発支援の効果と課題—大阪市によるトップランナー育成事業の事例を対象として—**」です。研究での主な関心事項は、大阪市の大阪トップランナー育成事業に関する支援内容とその認定企業様の事業に対する効果及び課題についてです。
　そこで、大阪トップランナー育成事業の認定企業（2013〜2017年度）54社の皆様に対しまして、このアンケート調査を実施することとしました。
　大阪トップランナー育成事業のような自治体による新事業育成施策をさらによりよいものとし、皆様に続く将来の認定企業にとって一層実りあるものとするため、皆様方にぜひご協力を賜り、以下の質問にご回答下さいますようお願い申し上げます。
　なお、このアンケート調査は学術的な研究が目的です。ご回答を総合的に分析して発表することを目的としており、個別の会社様のご回答内容をそのまま公表したり、外部の者に内容を漏えいしたりすることは一切致しません。また、アンケートの回答票の情報管理も徹底致します。
　ご回答方法は、この調査用紙に直接、お書き込み頂いてそのままワード文書をメール添付にてご返送頂きたくお願い申し上げます。

ご回答期限は〇月△日（□）までとさせて頂きたく、ご協力のほどよろしくお願い申し上げます。

　ご回答先は、以下のメールアドレスにお願い致します。
立命館大学大学院テクノロジー・マネジメント研究科
松平　好人

メールアドレス　〇〇〇〇@ed.ritsumei.ac.jp
※ご質問等がありましたら、上記のメールアドレスあるいは次の電話番号
（×××‐××××‐××××）までお知らせ下さい。

Ⅰ. 貴社プロフィール

大阪トップランナー育成事業認定年度：　　　　　　年

貴社名：

本社所在地：

主たる事業：

設立年月：

資本金：　　　　　　　　　　円

従業員：　　　　　　　　　名

売上（直近の決算時）：　　　　　　　　　円

ご回答者様氏名：

ご回答者様の所属及び役職：

ご回答者様のご連絡先（電話又はメール）：

Ⅱ. 質問及び回答欄

　以下の質問は、貴社の大阪トップランナー育成事業（以下、TR 事業）への取り組みの度合と TR 事業認定をきっかけとして、貴社内に生じた変化に関するものです。それらについてわかりやすくお答え下さい。なお、TR 事業のコーディネーターの存在も念頭に置いてお答え下さい。

　なお、当てはまるものに、✓もしくは■（「チェック」もしくは「しかく」と入力し、変換すると表示されます）をご記入下さい。

質問 1. TR 事業の対象プロジェクトの認定時、貴社の製品またはサービスはどの段
　　　　階に位置していたでしょうか。また、認定に伴う支援後はどこに変化したで
　　　　しょうか。

TR 事業認定時　　　　　　　　　　　　　　　　TR 事業認定に伴う支援後
○製品またはサービスは、
□ ①開発中（アイデア段階も含む）　　　　　　　　　　　　　□
□ ②開発後の改善（技術的に製品をよくする、サービスをよくする）　□
□ ③開発後の販路拡大（国内の既存業界）　　　　　　　　　　□
□ ④開発後の販路拡大（国内の新しい業界）　　　　　　　　　□
□ ⑤開発後の海外展開　　　　　　　　　　　　　　　　　　　□

質問 2. TR 事業のプロジェクト認定に伴う支援によって、貴社の顧客志向（顧客に
　　　　対して意識を向けること）にどの程度、変化が生じたでしょうか。

○顧客に対するコミットメント（主体的・積極的な関与）は、
□ たいへん増えた
□ ある程度増えた
□ 少しだけ増えた
□ 全く増えなかった

○顧客価値の創造は、
□ たいへんするようになった
□ ある程度するようになった
□ 少しだけするようになった
□ 全く増えていない

○顧客ニーズの理解は、
□ たいへん深まった
□ ある程度深まった
□ 少しだけ深まった
□ 全く深まっていない

○顧客満足度を目標と、
□ かなりするようになった
□ ある程度するようになった
□ 少しだけするようになった
□ 全くしていない

○顧客満足度の測定は、
□ かなりするようになった
□ ある程度するようになった
□ 少しだけするようになった
□ 全くしていない

○購入後のアフターサービスの充実は、
□ かなりするようになった
□ ある程度するようになった
□ 少しだけするようになった
□ 全くしていない

○これまでの質問2で、TR事業のプロジェクト認定に伴う支援によって、顧客志向が高まったと回答された方へ。
　　顧客志向が高まった結果、貴社にどのような行動があらわれたでしょうか。
　具体的に、わかりやすくご記入下さい。具体例は、いくつでも構いません。

質問3. TR事業のプロジェクト認定に伴う支援によって、貴社の競合他社志向（競合他社に対して意識を向けること）にどの程度、変化が生じたでしょうか。

〇セールス・パーソンたちによる競合他社の情報共有は、
□ かなりするようになった
□ ある程度するようになった
□ 少しだけするようになった
□ 全くしていない

〇競合他社の行動に、素早い対応は、
□ かなりするようになった
□ ある程度するようになった
□ 少しだけするようになった
□ 全くしていない

〇トップマネージャーによる競合他社の戦略についての議論は、
□ かなりしてするようになった
□ ある程度するようになった
□ 少しだけするようになった
□ 全くしていない

〇競争優位を構築するための機会をうかがうことは、
□ かなりするようになった
□ ある程度するようになった
□ 少しだけするようになった
□ 全くしていない

○これまでの質問3で、TR事業のプロジェクト認定に伴う支援によって、<u>競合他社志向が高まった</u>と回答された方へ。

　競合他社志向が高まった結果、貴社にどのような行動があらわれたでしょうか。具体的に、わかりやすくご記入下さい。具体例は、いくつでも構いません。

質問4. TR事業のプロジェクト認定に伴う支援によって、認定プロジェクトに関係する、部門・職能を横断した統合の機能にどのような変化が生じたでしょうか。

○部門を問わず、顧客の要求にこたえることは、
□ かなりするようになった
□ ある程度するようになった
□ 少しだけするようになった
□ 全くしていない

○部門を問わず、情報共有は、
□ かなりするようになった
□ ある程度するようになった
□ 少しだけするようになった
□ 全くしていない

○戦略について部門での統合は、
□ かなりするようになった
□ ある程度できるようになった
□ 少しだけするようになった
□ 全くしていない

○すべての部門が顧客価値の向上には、
□ かなり努めるようになった
□ ある程度努めるようになった
□ 少しだけ努めるようになった
□ 全く努めていない

○他の部門とのさまざまな資源の共有は、
☐ かなりするようになった
☐ ある程度するようになった
☐ 少しだけするようになった
☐ 全くしていない

質問5. TR事業のプロジェクト認定に伴う支援によって、貴社の技術を導入するルートにどの程度、変化が生じたでしょうか。

○技術を導入するルートは、
☐ たいへん広がった
☐ ある程度広がった
☐ 少しだけ広がった
☐ 全く広がらなかった

質問6. TR事業のプロジェクト認定に伴う支援によって、貴社の技術力（設計等）にどの程度、変化が生じたでしょうか。

○技術力（設計等）は、
☐ たいへん向上した
☐ ある程度向上した
☐ 少しだけ向上した
☐ 全く向上しなかった

質問7. TR事業のプロジェクト認定に伴う支援によって、対象プロジェクトに関係する所属部門を超えた社内横断的グループにどのような変化が生じたでしょうか。

　　○所属部門を超えた社内横断的グループは、
　　□ 変化あり
　　（変化の内容：　　　　　　　　　　　　　　　　　　　　　　　　）
　　□ 変化なし
　　（理由：　　　　　　　　　　　　　　　　　　　　　　　　　　　）

質問8. TR事業のプロジェクト認定に伴う支援によって、貴社の広告のノウハウ（新聞、雑誌、テレビなどに取り上げられるなど）にどの程度、変化が生じたでしょうか。

　　○広告のノウハウは、
　　□ たいへん向上した
　　□ ある程度向上した
　　□ 少しだけ向上した
　　□ 全く向上しなかった

質問9. TR事業のプロジェクト認定に伴う支援によって、プロジェクト遂行能力（プロジェクトマネジメント能力）にどの程度、変化が生じたでしょうか。

　　○プロジェクトマネジメント能力は、
　　□ たいへん高まった
　　□ ある程度高まった
　　□ 少しだけ高まった
　　□ 全く高まらなかった

質問 10. TR 事業のプロジェクト認定に伴う支援によって、新規事業の事業計画策定
能力にどの程度、変化が生じたでしょうか。

　　○事業計画策定能力は、
　　□ たいへん高まった
　　□ ある程度高まった
　　□ 少しだけ高まった
　　□ 全く高まらなかった

質問 11. TR 事業のプロジェクト認定に伴う支援によって、認定プロジェクトに関係
する外部とのネットワーク（人脈、コネクションなど）形成にどの程度、変
化が生じたでしょうか。

　　○外部とのネットワークは、
　　□ たいへん増えた
　　□ ある程度増えた
　　□ 少しだけ増えた
　　□ 全く増えなかった

質問 12. TR 事業のプロジェクト認定に伴う支援によって、認定プロジェクトに関係
する社員のモチベーションにどの程度、変化が生じたでしょうか。

　　○社員のモチベーションは、
　　□ たいへん高まった
　　□ ある程度高まった
　　□ 少しだけ高まった
　　□ 全く高まらなかった

質問 13. TR 事業のプロジェクト認定に伴う支援によって、貴社の資金調達力（補助金を含む）にどの程度、変化が生じたでしょうか。

　○資金調達力は、
　□ たいへん高まった
　□ ある程度高まった
　□ 少しだけ高まかった
　□ 全く高まらなかった

質問 14. TR 事業のプロジェクト認定に伴う支援によって、貴社の認定プロジェクトでの製品・サービス開発にどの程度、変化が生じたでしょうか。

　○製品・サービス開発は、
　□ たいへん成功した
　□ ある程度成功した
　□ 少しだけ成功した
　□ 全く成功しなかった

質問 15. TR 事業のプロジェクト認定に伴う支援によって、貴社の認定プロジェクトに関するプロモーション機会にどの程度、変化が生じたでしょうか。

　○プロモーション機会は、
　□ たいへん増えた
　□ ある程度増えた
　□ 少しだけ増えた
　□ 全く増えなかった

質問 16. TR 事業のプロジェクト認定に伴う支援によって、貴社の認定プロジェクト
の事業化スピードにどの程度、変化が生じたでしょうか。

○事業化スピードは、
□ たいへん早まった
□ ある程度早まった
□ 少しだけ早まった
□ 全く早まらなかった

質問 17. TR 事業のプロジェクト認定に伴う支援によって、貴社の市場情報の獲得
ルートにどの程度、変化が生じたでしょうか。

○市場情報の獲得ルートは、
□ たいへん広がった
□ ある程度広がった
□ 少しだけ広がった
□ 全く広がらなかった

質問 18. TR 事業のプロジェクト認定に伴う支援によって、貴社の認定プロジェクト
に関する販路開拓にどの程度、変化が生じたでしょうか。

○販路開拓は、
□ たいへん広がった
□ ある程度広がった
□ 少しだけ広がった
□ 全く広がらなかった

質問 19. TR 事業のプロジェクト認定に伴う支援によって、貴社の信用力や知名度に
　　　　どの程度、変化が生じたでしょうか。

　　○信用力や知名度は、
　　□ たいへん高まった
　　□ ある程度高まった
　　□ あまり高まらなかった
　　□ 全く高まらなかった

　　○信用力や知名度が「たいへん高まった」「ある程度高まった」と回答された方へ。
　　　　信用力や知名度が高まった結果、貴社にどのような変化や成果があったでしょ
　　　うか。具体的に、わかりやすくご記入下さい。具体例は、いくつでも構いません。

質問 20. 上記の質問の他にどんなことでも構いませんので、TR 事業のプロジェクト
　　　　認定に伴う支援によって、大きく変化した点を自由にいくつでもご記入下さい。

　　① TR 事業プロジェクト認定前

　　② TR 事業プロジェクト認定に伴う支援後

質問 21. TR 事業のプロジェクト認定に伴う支援によって、貴社の認定プロジェクト
に関する引き合い、問い合わせにどの程度、変化が生じたでしょうか。

○引き合い、問い合わせは、
□ たいへん増えた
□ ある程度増えた
□ 少しだけ増えた
□ 全く増えなかった

質問 22. TR 事業のプロジェクト認定に伴う支援によって、貴社の認定プロジェクト
の売上にどの程度、変化が生じたでしょうか。

○売上は、
□ たいへん増えた
□ ある程度増えた
□ 少しだけ増えた
□ 全く増えなかった

質問 23. TR 事業のプロジェクト認定に伴う支援によって、認定プロジェクトに対す
る将来の成功見通しにどの程度、変化が生じたでしょうか。

○成功の見通しは、
□ たいへん高まった
□ ある程度高まった
□ 少しだけ高まった
□ 全く高まらなかった

質問 24. TR 事業のプロジェクト認定に伴う支援によって、認定プロジェクトの黒字
化にどの程度、変化が生じたでしょうか。

○黒字化は、
□ たいへん高まった
□ ある程度高まった
□ 少しだけ高まった
□ 全く高まらなかった

質問 25. TR 事業のプロジェクト認定に伴う支援によって、認定プロジェクトの継続
にどの程度、変化が生じたでしょうか。

○対象プロジェクトの継続性は、
□ たいへん高まった
□ ある程度高まった
□ 少しだけ高まった
□ 全く高まらなかった

質問 26. 上記の質問や TR 事業に関して、追記事項、ご感想、ご意見、ご提言、問
題点等を自由にご記入下さい。

質問は以上になります。ご回答、ありがとうございました。

　お手数ですが、ご回答は以下のメールアドレスに添付にてお送りいただけますようお願い致します。

立命館大学大学院テクノロジー・マネジメント研究科

松平　好人

メールアドレス　○○○○@ed.ritsumei.ac.jp

【連絡先】

〒567-8570

大阪府茨木市岩倉町2-150（立命館大学大阪茨木キャンパス）

立命館大学大学院テクノロジー・マネジメント研究科

松平　好人　メールアドレス　○○○○@ed.ritsumei.ac.jp

　　　　　　　電話番号　××× - ×××× - ××××

名取　隆　メールアドレス　△△△△@fc.ritsumei.ac.jp

　　　　　　　電話番号　××× - ×××× - ××××

索　引

【人名索引（アルファベット順）】

Akerlof, G. A.　　73

有沢広巳　　1, 35

Arrow, K. J.　　74

Barnard, C. I.　　72

Barney, J. B.　　25, 54, 173

Cohen, W. M. and D. A. Levinthal　　171

Drucker, P. F.　　9, 21, 23

Duncan, R. B.　　157, 158

Eisenhardt, K.　　79

Hair, J. F.　　126

伊丹敬之（Itami, H.）　　25, 27, 28, 70, 83

Jensen, M. B.　　48, 149

加護野忠男　　27, 28, 83

Kaufmann, A.　　49

Keizer, J. A.　　49

清成忠男　　1

Kohli, K. A. and B. A. Jaworski　　23, 24, 57

Lagacé, D.　　50

Lambrecht, I.　　50

Levi-Strauss, C.　　164

March, J. G.　　157, 158

Narver, J. and S. Slater　　23, 24, 25, 57, 63, 82, 83

Penrose, E. T.　　173

Porter, M.　　58

Schumpeter, J. A.　　20, 21, 36

Spence, M.　　73

Stiglitz, J.　　73

Storey, D. J.　　6, 49

Teece, D. J.　　54

Wernerfelt, B.　　54, 173

Yin, R. K.　　119

【事項索引】
アルファベット順

bricolage　　164

Business Link（BL）　　12, 49, 51

direct business support　　22

DUI モード　　48, 149

equal footing（競争条件の同一化）　　76

indirect business support　　22

inequality of information（情報の不平等もしくは不均衡）　　74

market intelligence　　60

OECD　　10

Organisational readiness　　153

outer loadings　　128, 132

PLS-SEM（Partial Least Squares Structural Equation Modeling）　　126

Readiness　　153

SBIR（Small Business Innovation Research）　　12, 13, 49, 51

Stepwise　　133

STI モード　　48, 149

あ行

新しい財貨　　22

アントレプレナー　　19

アントレプレナー志向　　55, 152

イノベーション　　4, 20, 21, 22, 36

イノベーション（新規事業）　　10, 11, 17, 19, 20, 143

イノベーション志向　　55, 60, 152

イノベーション促進政策　　10, 17

因果関係　　127, 145, 154

因子分析　　142

インタビュー調査　119
インベンション（発明）　21, 22
売上　144, 147
大阪産業創造館　97, 106
大阪市　17, 123
大阪市経済戦略局　123
大阪市の中小企業支援　43
大阪トップランナー育成事業（TR 事業）
　17, 123
お墨付きの論理　103

か行

回帰分析手法　131
革新　22
可視化　151
活用（exploitation）　157, 159, 160
活用型新規事業　159, 161
カネ（資金的資源）　25, 26
可変的資源　26
環境情報　72, 91, 94
間接（ソフト）支援　17, 19, 22
間接支援の効果　17
企業情報　72, 91, 94
企業成果　59, 76
企業特異性（firm-specific）　28, 70, 143,
　150
企業特性　25
技術開発　11, 47
技術志向　55, 60, 152
技術導入ルート　144, 146
逆選択　73
吸収能力（absorptive capacity）　153,
　171
競合他社志向　24, 59, 64, 83, 122, 155
国（中央政府）　31
黒字化　144, 147
経営資源　25
経営資源支援　162

経営資源の補完　162
経営の革新　36
経済的成果　21
決定係数 R^2　139
研究・技術開発　10, 48
研究枠組み　120
検証結果　140, 141
公益財団法人大阪市都市型産業振興セン
　ター　123
興業意見　38
広告ノウハウ　144, 146
構造化インタビュー　85
構造的アプローチ　158
公的支援の重要性　150
顧客志向　24, 58, 64, 68, 83, 122, 143,
　146, 155
顧客主導　69
顧客の創造　9
固定的資源　26
混合研究法（mixed methods research）
　119

さ行

事業者向けの教育プログラム　126
最終成果　117, 118, 140, 141, 144, 146,
　149, 154
作業仮説　77, 79
作業手順　121
支援側（公的機関）　150
支援効果のメカニズム　142, 143
事業化　19, 162
事業化支援政策　126
事業計画策定能力　144, 146
資金的資源　75
シグナリング（情報を送る信号）　73
資源依存モデル　58
資源形成　27
資源創出　161, 164, 165, 168, 169, 170,

172

資源創出を図る育成　　165

資源ベース論（Resource-based View of
　the Firm）　　54, 172

試作品　　113

市場志向　　15, 23, 24, 51, 54, 74, 75, 82,
　83, 117, 122, 140, 142, 145, 146, 149, 150,
　151, 154, 155

市場志向の定義　　57, 63

市場志向の統一化　　62

市場情報　　24, 60, 63

市場情報獲得ルート　　144, 146

市場情報の生成　　25, 64

市場情報の普及　　25, 64

市場への反応　　25, 64

自然蓄積性　　70

持続的競争優位　　59

自治体の中小企業政策　　37, 41, 45

質問票調査　　119

社会科学の研究　　79, 119

収束的妥当性（Convergent Validity）
　128, 133

商業化　　14

消去困難性　　70

情報　　25

情報（情報的資源）　　25

情報的資源　　17, 26, 51, 70, 74, 75, 76, 82,
　83, 117, 122, 140, 142, 143, 145, 146, 149,
　150, 151, 154, 161, 165, 172

情報的資源の提供　　165

情報の非対称性（information
　asymmetries）　　15, 28, 162, 163, 165

助成金　　10

事例研究　　79, 119

司令塔方式　　125

新規事業　　22

新結合　　21

新市場創造　　14

成功の見通し　　144, 147

製品志向　　55, 60, 152

先行型市場志向　　112, 113

全体最適の視点　　125

選別型　　18

全方位型　　18

創業・経営革新の促進　　31

創業・新規事業　　19

創造的破壊　　21

組織成果　　15, 66, 75, 76

組織文化　　17, 24, 57, 58, 63, 82, 143

組織文化の形成プロセス　　152

た行

代替的志向　　152

たらい回し方式　　125

探索（exploration）　　157, 159, 160

探索型新規事業　　159, 161

地域経済の活性化　　9

知識　　25, 54

知識資源　　47

知識提供　　19

地方自治体　　31

地方政府（自治体）　　31

中間成果　　118, 149, 154

中小・ベンチャー企業　　11, 161

中小企業　　1, 2

中小企業イノベーション促進政策　　45

中小企業基本法　　16, 33, 39, 46

中小企業基本法の転換　　34

中小企業支援政策　　16

中小企業支援政策の効果　　48, 50

中小企業支援政策の効果の測定　　20

中小企業支援政策の評価　　151

中小企業政策　　10, 31, 33

中小企業政策の根拠　　33

中小企業政策の多様性　　33

中小企業政策の役割　32

中小企業庁　46

中小企業のイノベーション（新規事業）
　36, 45, 79

中小企業の近代化・不利是正　31

中小企業の質的指標　7

中小企業の定義　6, 9, 20

中小企業の判定問題　8

中小企業の量的指標　7

中小企業白書　47, 115, 162

直接（ハード）支援　10, 19, 22

著名効果（お墨付き効果）　93, 103, 108,
　168

定性分析　119

定量分析　119

同時多重利用　70

な行

内的整合性信頼度（Internal Consistency
　Reliability）　128, 133

内部情報処理特性　72, 91, 94

二重構造　35

二重構造論　1, 16, 46

ニッチ　161

ニッチ市場　5

は行

パイロット調査　79

パイロット調査の方法　80

パス係数（Path Coefficients）　128, 133

発見事項　139, 145

半構造化インタビュー　86

反応型市場志向　112, 113

販売志向　55, 60, 152

販路開拓　144, 146

引き合い・問い合わせ　144, 147

非構造化インタビュー　86

被支援側（中小企業）　150

被支援側企業の条件・能力　152

非資金的資源　50, 75

非対称情報　16, 28

ヒト（人的資源）　25

富士市産業支援センター f-Biz　11

部門間調整　24, 59, 64, 83, 122, 155

ブランド志向　55, 60, 152

プロジェクト・リーダー　125

プロジェクト遂行能力　144, 146

プロジェクトマネジメント　125

プロモーション機会　144, 146

分析フレームワーク　81

変数　122

弁別的妥当性（Discriminant Validity）
　128, 133

補助金　10, 11, 47, 48, 162

ま行

マーケティング　22

マーケティング・コンセプト（marketing
　concept）　68

マーケティング志向（marketing
　orientation）　68

見えざる資産　27, 70, 72

見える化　151

モデル探索　132, 142

モノ（物的資源）　25, 26

や行

用役　25, 173

よろず支援拠点　12

ら行

両利き組織　157

リレーションシップ・マーケティング
　59

理論的仮説　79

理論的フレームワーク　149

理論の探索的開発　126

わ行

ワンストップ　11

【著者紹介】

松平好人
<small>まつ だいら よし と</small>

琉球大学国際地域創造学部准教授，立命館大学 OIC 総合研究機構客員研究員．

1972 年東京都生まれ．

東京都公立中学校勤務後，

英国国立 The University of Nottingham, School of Humanities, Master by Research 修了，The degree of Master of Arts by research,

北陸先端科学技術大学院大学知識科学研究科博士課程後期課程修了 博士（知識科学），

立命館大学大学院テクノロジー・マネジメント研究科博士課程後期課程修了 博士（技術経営），

慶應義塾大学文学部訪問研究員，金沢星稜大学経済学部専任講師，江戸川大学社会学部准教授，都留文科大学文学部准教授を経て，現職．

専攻

中小・ベンチャー企業論・技術経営・知識経営

主要著作

Managing Knowledge Assets and Business Value Creation in Organizations: Measures and Dynamics（共著，IGI Global, 2010）．

"The Continued Practice of Ethos: How Nissan Enables Organisational Knowledge Creation,"（単著，*Information Systems Management*, 27(3), 2010）．

『日産モノづくりの知識創造経営—知識創造を促進する行為とリーダーシップ—』（単著，晃洋書房，2014）．

「大阪市による中小企業に対するイノベーション促進政策の効果—市場志向と情報的資源の視角から—」（共著，『日本地域政策研究』第 23 号，2019，日本地域政策学会学術賞）．

「自治体の中小企業に対するイノベーション促進政策の効果—情報的資源の視角による事例分析—」（単著，『経営情報学会誌』第 28 巻第 4 号，2020）他．

2020 年 7 月 31 日　初版第 1 刷発行

自治体の中小企業イノベーション促進政策
——政策効果の実証分析による可視化——

© 著 者　松 平 好 人

発行者　脇 坂 康 弘

発行所　株式会社 同友館

〒113-0033 東京都文京区本郷3-38-1
TEL. 03(3813)3966
FAX. 03(3818)2774
https://www.doyukan.co.jp/

落丁・乱丁本はお取り替えいたします。

ISBN 978-4-496-05492-1

三美印刷／松村製本所

Printed in Japan